Die rechtsextreme AfD feiert in Deutschland Wahlerfolge und die Grenzen des Sagbaren verschieben sich immer weiter nach rechts. Drängender denn je stellt der Report 2025 die Frage, mit welchen Mitteln wir uns wehren und wie wir unseren Rechtsstaat gegen Attacken von rechts stärken können. Mehr als 30 Autor*innen zeigen anhand der wichtigsten Fälle des vergangenen Jahres: Wir können – und müssen – den rechten Tendenzen in Justiz und Gesellschaft mit Recht beikommen.

Lennart Laude, Janos Richter und Juliana Talg, Mitarbeiter*innen beim Verfassungsblog, schreiben über den Versuch der AfD, das Thüringer Verfassungsgericht zu delegitimieren. Maximilian Pichl, Professor für Soziales Recht, analysiert den rechtsliberalen Widerstand gegen das Demokratiefördergesetz. Doris Liebscher, Juristin und Wissenschaftlerin, beleuchtet die Verurteilung der Berliner Polizei mithilfe des bundesweit ersten Landesantidiskriminierungsgesetzes u.v.m.

Die Herausgeber*innen sind Journalist*innen und kritische Jurist*innen, die sich von einer Grundeinsicht leiten lassen: Rechtsextreme verstehen das Recht als Arena ihrer politischen Kämpfe und versuchen, es für ihre Zwecke auszunutzen. Wenn alle diese Versuche dokumentiert und bewertet werden, ist ein wichtiger Schritt getan, um sich besser wehren zu können. Der Report »Recht gegen rechts« wird herausgegeben von Nele Austermann, Leonard Ihßen, Heike Kleffner, Kati Lang, Maximilian Pichl, Ronen Steinke und Tore Vetter.

Weitere Informationen finden Sie auf www.fischerverlage.de

Nele Austermann, Leonard Ihßen,
Heike Kleffner, Kati Lang, Maximilian Pichl,
Ronen Steinke, Tore Vetter (Hrsg.)

RECHT GEGEN RECHTS

REPORT 2025

S. FISCHER

MIX
Papier | Fördert gute Waldnutzung
FSC® C083411
www.fsc.org

2. Auflage, 2025
Originalausgabe
Erschienen bei S. FISCHER

Satz: Dörlemann Satz, Lemförde
Druck und Bindung: CPI books GmbH, Leck
ISBN 978-3-10-397708-0

Kontaktadresse nach EU-Produktsicherheitsverordnung:
produktsicherheit@fischerverlage.de

Inhaltsverzeichnis

RASSISMUS

SEXISMUS UND LGBTQIA*-FEINDLICHKEIT

RECHTSTERRORISMUS

ANTISEMITISMUS

REVISIONISMUS

NEONAZI-GEWALT

SPORT

Warum »Recht gegen rechts«?

Prolog

Es waren Wochen der Zuversicht, als nach den Recherchen des Investigativmediums Correctiv allein an einem einzigen Wochenende Anfang Februar 2024 mehr als 1,5 Millionen Menschen in ganz Deutschland gegen Rechtsextremismus und Rassismus auf die Straße gingen.

Viele der zumeist selbstgemalten Plakate richteten sich an die demokratischen Parteien: Sie verlangten ein Ende des fahrlässigen Umgangs mit der existenziellen Bedrohung der Demokratie durch die extreme Rechte und die Positionen, die diese vertritt. Erstmals seit den massenhaften Protesten von Fridays for Future und der Black-Lives-Matter-Bewegung waren – nicht nur in Großstädten, auch in Kleinstädten und Dörfern – über viele Wochen mehr als viereinhalb Millionen Menschen unterschiedlichster gesellschaftlicher Herkunft im öffentlichen Raum präsent, um eine demokratische und plurale Gesellschaft zu verteidigen.

Doch die erhofften Konsequenzen auf die unüberhörbaren Forderungen nach einem Verbot der AfD, nach politischen Brandmauern statt einer Zusammenarbeit demokratischer Parteien mit Rechtsextremisten in Kommunal- und Landesparlamenten und nach einer Flüchtlingspolitik, die sich an der Menschenwürde und dem Grundrecht auf Asyl orientiert, sind ausgeblieben. Ein Jahr später fällt die Bilanz mehr als ernüchternd aus. Spätestens seit den Wahlerfolgen der rechtsextremen AfD bei den Landtagswahlen in Brandenburg, Sachsen und Thüringen im Spätsommer 2024 und dem Wahlsieg von Donald Trump bei den Präsidentschaftswahlen in den USA überwiegt bei vielen Menschen große Rat- und Hoffnungslosigkeit.

Die Hoffnung und Aufbruchsstimmung des Februars 2024 ist bei denjenigen, die nicht nur in ostdeutschen Kleinstädten und Dörfern oftmals mit dem Rücken zur Wand demokratische Grundrechte verteidigen, inzwischen vielfach wieder existenziellen Ängsten gewichen: um die eigene Sicherheit oder den Aufenthaltsstatus – oder die von Freund*innen und Angehörigen; um die Existenz von kleinen soziokulturellen Zentren, von Beratungsstellen für Asylsuchende und Einwanderer*innen; nicht zuletzt um Angehörige und Freund*innen in Krisen- und Kriegsgebieten, denen alle legalen Flucht- und Einreisemöglichkeiten nach Europa versperrt werden. Die Angriffe der extremen Rechten – auf die Institutionen des Rechtsstaats ebenso wie auf Einzelne – haben ein neues Ausmaß an Aggressivität und Zerstörungswillen erreicht. Und in bisher ungekannter Weise scheinen sie damit bis weit in die Mitte der Gesellschaft Erfolg zu haben. Im Moment der größten Gefahr scheint es aktuell wenig zu geben, was Hoffnung spenden könnte.

Fehlender Schutz für die Institutionen des Rechtsstaats

Als Herausgeber*innen dieses Reports »Recht gegen rechts« machen wir es uns seit fünf Jahren zur Aufgabe, zu vermessen, inwieweit die Justiz und die anderen Institutionen des Rechtsstaates ihrer Aufgabe gerecht werden, die ihnen zur Verfügung stehenden Möglichkeiten zum Schutz der Demokratie und des

Grundgesetzes zielgerichtet einzusetzen. Wir zeigen auf, wo sie diese wichtige Aufgabe vernachlässigen oder gar Entscheidungen zum Nachteil treffen nicht nur marginalisierter Gruppen: in Teilen auch zum Nachteil größerer gesellschaftlicher Gruppen und der offenen, pluralen Gesellschaft im Ganzen.

Notwendigerweise legen wir seit der Veröffentlichung des ersten Reports auch einen Schwerpunkt darauf, inwieweit Rechtsextreme ihren Einfluss auf die Institutionen des Rechtsstaats ausweiten und die ihnen zur Verfügung stehenden Instrumente für ihre antidemokratische Agenda missbrauchen. Nicht zuletzt geht es uns darum, politisch Verantwortliche ebenso wie eine kritische Öffentlichkeit daran zu erinnern, wie dringend notwendig – angesichts der Wahlerfolge von rechtsextremen Parteien wie der AfD – der Schutz der Institutionen des Rechtsstaats ist: vor gezielten Blockaden, Delegitimierung und der »disruptiven Politik« faschistischer Akteur*innen.

In dieser Hinsicht fällt die Bilanz des Jahres 2024 dramatisch aus: Allen Mahnungen zum Trotz – sei es durch zahlreiche ehemalige Richter*innen am Bundesverfassungsgericht oder Expert*innen des Verfassungsblogs, die mit dem Thüringen-Projekt zahlreiche Empfehlungen für Politiker*innen veröffentlicht haben –, fehlt es bislang am Allernotwendigsten. Es fehlt an einem umfassenden Schutz des Bundesverfassungsgerichts vor einer drohenden Sperrminorität der AfD im nächsten Deutschen Bundestag. Es fehlt eine umfassendere Regelung wesentlicher Strukturmerkmale des Bundesverfassungsgerichts im Grundgesetz statt bisher im Bundesverfassungsgerichtsgesetz. Hierfür wäre eine Zweidrittelmehrheit der Stimmen der Abgeordneten notwendig. Doch nach einer monatelangen Verzögerung durch die Abgeordneten der CDU/CSU-Fraktion wurde allenfalls ein halbherziger Rettungsschirm gespannt. Entwicklungen wie in den USA, wo der Supreme Court inzwischen zum verlängerten

Arm des ehemaligen und neuen rechtsextremen Präsidenten Donald Trump geworden ist, können so in Deutschland nicht abgewendet werden. Denn die vom Bundestag beschlossene Reform zum Schutz des Bundesverfassungsgerichts hat eine große Leerstelle: die Wahl der Richter*innen mit Zweidrittelmehrheit. Diese ist derzeit nur in einem einfachen Gesetz festgelegt und soll sicherstellen, dass hinter der Wahl eine breite gesellschaftliche Mehrheit steht. Eine Verankerung der Zweidrittelmehrheit für die Wahl der Richter*innen sieht das Gesetz nicht vor. Damit bleiben wichtige Regelungen im Bundesverfassungsgerichtsgesetz bestehen – sie können mit einfacher Mehrheit abgeschafft werden. Andere Regelungen wie Zahl der Senate (zwei) und Richter*innen (je acht) und der Ausschluss der Wiederwahl sollen ins Grundgesetz aufgenommen werden, damit sie nur noch mit Zweidrittelmehrheit geändert werden können. Falls sich die Mehrheitsverhältnisse im Bundestag ändern, wird dies zu einem großen Risiko. Denn wenn etwa im Bundestag eine rechtsextreme Fraktion über mehr als ein Drittel der Stimmen verfügt, könnte sie die Wahl einer Richterin oder eines Richters blockieren. Auf Länderebene sind solche autoritären Angriffe seit den Wahlen in Thüringen und Brandenburg schon möglich. Im aktuellen Report »Recht gegen rechts« 2025 warnen die Jurist*innen Lennart Laude, Janos Richter und Juliana Talg vom Thüringen-Projekt des Verfassungsblogs eindringlich vor den möglichen Konsequenzen der AfD-Sperrminorität im Thüringer Landtag und beschreiben Szenarien, mit denen die AfD sowohl die Wahl neuer Richter*innen in Thüringen verhindern kann, als auch die Delegitimierung des thüringischen Landesverfassungsgerichts vorantreiben will. Der Beitrag zeigt: Es bedarf nicht des Worst Case der Machtübergabe an die Rechtsextremen, damit sie die Demokratie und den Rechtsstaat zerlegen können. Die Gefahr droht bereits viel früher und in Teilen schon jetzt.

»Man kann sagen, dass der Faschismus der alten Kunst zu lügen gewissermaßen eine neue Variante hinzugefügt hat – die teuflischste Variante, die man sich denken kann – nämlich: das Wahrlügen«, schrieb die Philosophin Hannah Arendt 1972 in *Die Lüge in der Politik*. Diese Warnung gilt auch – und im Besonderen – vor rechtsextremen Richter*innen. Im aktuellen Report »Recht gegen rechts« zeichnet der Richter John Philipp Thurn den Fall eines Verwaltungsrichters nach, der sein Richteramt missbrauchte, um besonders schutzbedürftigen Asylsuchenden zu schaden. Welche rechtlichen Möglichkeiten es gibt, um solchen Vorfällen Einhalt zu gebieten, erklärt Thurn in seinem Beitrag.

Im Vorjahres-Report hatten wir über rechte Richter am Amtsgericht Weimar berichtet, die in der Coronapandemie für alle Kinder an zwei Schulen die Maskenpflicht aussetzen wollten und dafür wegen Rechtsbeugung zu einer Freiheitsstrafe von zwei Jahren verurteilt wurden. Im November 2024 bestätigte der Bundesgerichtshof das Urteil des Landgerichts Erfurt vom August 2023 und verwarf damit die Revision sowohl des Angeklagten als auch der Staatsanwaltschaft (Urteil v. 20.11.2024, Az. 2 StR 54/24). Auch im Fall des rechtsextremen Richters und ehemaligen AfD-Bundestagsabgeordneten Jens Maier, über den wir im Report 2024 berichtet hatten, gibt es inzwischen neue Entwicklungen. Am 28. November 2024 verhandelte das Richterdienstgericht über eine von Sachsens ehemaliger Justizministerin Katja Meier (Grüne) im Juli 2023 erhobene Disziplinarklage. Das Ziel: Jens Maier soll endgültig aus dem Staatsdienst entfernt werden und seine fortlaufenden Bezüge verlieren, die er seit seiner rechtskräftigen Versetzung in den Ruhestand im Oktober 2023 nach wie vor vom Freistaat Sachsen erhält.

»Die Disziplinarklage ist unbegründet«, sagte die Vorsitzende Richterin Yvonne Wagner am 28. November 2024 in Leipzig. Die Vorwürfe hätten nur teilweise bestätigt werden können und rechtfertigten keine zusätzlichen Maßnahmen. Jens Maier behält seine Pensionsansprüche und wird nicht komplett aus dem Dienst entfernt. Das Urteil war laut Pressestelle des Richterdienstgerichts in Leipzig bei Redaktionsschluss noch nicht rechtskräftig.

Umkämpfte Menschenrechte

»Ihr sollt wissen, dass kein Mensch illegal ist. Das ist ein Widerspruch in sich. Menschen können schön sein oder noch schöner. Sie können gerecht sein oder ungerecht. Aber illegal? Wie kann ein Mensch illegal sein?«

Diese Mahnung des Schoa-Überlebenden und Friedensnobelpreisträgers Elie Wiesel aus dem Jahr 1988 ist aktueller denn je. Die Reform des Gemeinsamen Europäischen Asylsystems verschlimmert die Situation für Schutzsuchende noch weiter. Zum Beispiel besteht nun die Möglichkeit, selbst Kinder in Haft zu nehmen. Bedingt durch einen enthemmten gesellschaftlichen Diskurs über Migration hat auch die Ampel-Regierung immer wieder das geltende Recht verschärft. Özge İnan schreibt für diesen Report über die Abschiebedebatte und erklärt, warum diese dem vorgeschobenen Ziel der Bekämpfung von Terrorismus gerade nicht weiterhilft.

Umso wichtiger ist es, dass in den vergangenen zwölf Monaten die europäischen Gerichte zum Teil bahnbrechende Entscheidungen getroffen haben, die im Kontrast zum aktuellen migrationsfeindlichen Trend stehen. Der Europäische Gerichtshof für Menschenrechte hat zum Beispiel in seinem Urteil vom

14. Oktober 2024 klar und eindeutig Zurückweisungen nach Griechenland, die außerhalb des europäischen Rechtsrahmens stattfinden, als unvereinbar mit den Menschenrechten eingestuft. Der sogenannte Seehofer-Deal, den der ehemalige CSU-Bundesinnenminister 2018 ausgehandelt hatte, ist damit endgültig Geschichte. Und der Europäische Gerichtshof befand am 4. Oktober 2024, dass Frauen, die unter den Taliban in Afghanistan gelebt haben und in Deutschland (bzw. in der Europäischen Union) Schutz suchen, ganz generell aufgrund ihres Geschlechts und der systematischen Menschenrechtsverletzungen in Afghanistan einen Anspruch auf Flüchtlingsschutz im Sinne der Genfer Flüchtlingskonvention und der EU-Qualifikationsrichtlinie haben. Ihre Anträge müssen damit nicht mehr langwierig geprüft werden.

Diese Beispiele zeigen: Noch immer bietet das Recht auch Hoffnung, noch immer halten rechtsstaatliche Institutionen die europäischen Werte und die Menschenrechte hoch, scheinen sie auch anderswo in Vergessenheit geraten zu sein.

Die Entmutigung von Angegriffenen

Seit dem ersten Report »Recht gegen rechts« haben wir uns in allen Ausgaben mit den Auswirkungen verschleppter und blockierter Strafverfahren auch nach schwersten rechten Gewalttaten beschäftigt. In dieser Ausgabe schreibt der Journalist Joachim Tornau über die Entscheidung des Bundesgerichtshofs, das skandalöse Urteil des Landgerichts Mühlhausen im Fall eines schweren Neonaziangriffs auf zwei Journalisten in Fretterode (Thüringen) aufzuheben und zur Neuverhandlung an eine andere Kammer des Landgerichts zu verweisen. Das Urteil steht sinnbildlich für die Weigerung von Teilen der Justiz, den im Grundgesetz verankerten Schutz der Pressefreiheit auch tatsächlich ernst zu nehmen, gewalttätige Angriffe auf Journalist*innen angemessen zu ahnden und so die Berichterstattung auch aus Gefahrenzonen zu ermöglichen. Wann es nach dem Angriff im April 2018 durch organisierte Neonazis zu einem rechtskräftigen Urteil kommen wird, ist derzeit nicht absehbar. Die Belastung durch langjährig verschleppte Strafverfahren erschüttert das Vertrauen vieler Betroffener rechter, rassistischer und antisemitischer Gewalt in den Rechtsstaat.

Eine Atempause für die Demokratie

Schließlich ist es vor allem die AfD und der Umgang mit ihr, die unseren Report seit dessen Gründung 2020 begleitet. Die breite und weitere Etablierung dieser in großen Teilen gesichert rechtsextremen Partei in Deutschland war ein wichtiges Initial zur Dokumentation von rechtem Recht und des juristischen Widerstands dagegen. Medial aufsehenerregend war im 2024 das Strafverfahren gegen Björn Höcke, mit dem sich Oliver Tolmein in diesem Report befasst. Dass sich das Parlament selbstbewusst gegen die Wahl von Rechtsextremist*innen in wichtige Ämter auflehnen kann, hat das Bundesverfassungsgericht in seinem Verfahren gegen den AfD-Politiker Stephan Brandner gezeigt, der den Vorsitz im Justizausschuss innehaben wollte. Über das Verfahren und das Auftreten der Rechten im Parlament schreibt im vorliegenden Report die Bundestagsabgeordnete Clara Bünger.

Das Oberverwaltungsgericht Nordrhein-Westfalen hat im Mai 2024 die Klagen der rechtsextremen AfD und ihrer Jugendorganisation Junge Alternative für Deutschland (JA) gegen die Einstufung des Bundesamts für Verfassungsschutzes als »rechtsextremistischer Verdachtsfall« abgewiesen. Danach hatten viele Innenpolitiker*innen und die Öffentlichkeit auf eine Höherstufung der AfD als »gesichert rechtsextrem« durch den Verfassungsschutz auch auf Bundesebene gehofft. Ob und wann es dazu kommen wird, ist angesichts der Neuwahlen im Frühjahr 2025 ungewiss. Viele Bundestagsabgeordnete wollten darauf nicht mehr warten. Die Demokratie brauche dringend eine Atempause, mahnt in diesem Report »Recht gegen rechts« der CDU-Bundestagsabgeordnete und ehemalige Ostbeauftragte der Bundesregierung Marco Wanderwitz. Gemeinsam mit 113 Abgeordneten hat Marco Wanderwitz einen Antrag in den Bundestag eingebracht, mit dem das Bundesverfassungsgericht aufgefordert werden soll, ein Verbot der AfD nach Artikel 21 Grundgesetz zu prüfen.

Bei Redaktionsschluss Mitte Januar 2025 mit noch zwei verbleibenden Sitzungswochen bis zum Neuwahltermin am 23. Februar 2025 war die Behandlung des Antrags nicht auf der Tagesordnung des 20. Deutschen Bundestages.

Während in den USA ein Präsident die Macht übernehmen wird, der das Justizministerium zum politischen Vollstreckungsorgan für seine rechtsextreme Agenda umwandeln und die Staatsanwaltschaften zur Verfolgung politischer Gegner*innen einsetzen will, ist es umso wichtiger, durch konsequente Gegenstrategien, durch Best-Practice-Beispiele und durch verantwortungsbewusstes Handeln demokratischer Mehrheiten den Schutz der Demokratie und der Grundrechte aller zur Priorität zu machen – ernsthafter denn je.

Wir freuen uns, wenn Sie mit uns die paradoxe Zuversicht auf eine weiterhin lebendige und wehrhafte Demokratie teilen.

Die Herausgeber*innen

P.S.

Wir danken allen Autor*innen. Für das wie immer sehr umsichtige Lektorat bedanken wir uns bei Eva Berié. Außerdem danken wir den Förder*innen, die die Veröffentlichung des Reports ermöglichen. Wir freuen uns über Vorschläge für neue Artikel aus unserer Leser*innenschaft per E-Mail an: recht_gegen_rechts@posteo.de. Seit neuestem haben wir auch einen Instagram-Kanal, auf dem unsere Autor*innen und die Herausgeber*innen im laufenden Jahr aktuelle Gerichtsentscheidungen, Gesetzgebungsverfahren und andere politische Vorgänge kommentieren. Folgen Sie dem Account unter: https://www.instagram.com/recht_gegen_rechts/

Nie wieder war gestern

von Arne Semsrott

Vielerorts die AfD bei 30 Prozent, Björn Höcke vielleicht bald Innenminister, deutschlandweite Angriffe auf Geflüchtete und die Justiz voller rechter Richter. Und jetzt?

Wer das Erstarken der antidemokratischen Rechten in den vergangenen Jahren beobachtet hat, kann daran zu Recht verzweifeln. Die politische Situation ist tatsächlich fatal – die Landtagswahlen in Sachsen, Thüringen und Brandenburg, aber auch die Kommunalwahlen dieses Jahres haben gezeigt, dass die antidemokratische Rechte vielerorts strukturell fest verankert ist und so schnell nicht bedeutungslos wird. Im Gegenteil: Sie stabilisiert sich, wird von vielen Menschen als wählbar, als das »Neue Normal« und gesellschaftsfähig angesehen.

Was kann man dagegen noch tun?

Zunächst einmal: Seit 2020 haben wir eine globale Pandemie, Kriege und Krisen erlebt und erleben sie noch, viele Menschen sind zudem tagtäglich rassistischen, antisemitischen, rechtsextremistischen, behindertenfeindlichen, frauen- oder queerfeindlichen Attacken ausgesetzt. Wir müssen enorm viel schultern. Es ist okay, in einem solchen Kontext nicht normal zu funktionieren, was auch immer das bedeutet. Verzweifeln ist okay. Trauer, Angst, Wut und Verdrängung sind verständliche

Reaktionen. Es ist völlig normal, angesichts des Aufstiegs der AfD hoffnungslos zu sein, den Glauben an die Menschheit zu verlieren und sich zu überlegen, in welches Exil man auswandern würde. Mir geht es auch so. Ich habe oft das Gefühl, alle Hoffnung verloren zu haben. Dann gibt es einen weiteren politischen Skandal, und ich bin wieder enttäuscht und merke: Offenbar hatte ich doch noch Hoffnung.

Was uns bisher vor einer AfD-Machtübernahme gerettet hat, waren nicht politische Parteien, sondern die Zivilgesellschaft. Die Millionen Menschen, die im Sommer der Migration 2015 Geflüchtete in Deutschland willkommen geheißen haben, und die Millionen Menschen, die für die Demokratie auf die Straße gehen. Das Problem ist nicht die Zivilgesellschaft, die seit vielen Jahren – auch mithilfe des Rechts – immer neue Wege findet, den Antidemokraten in die rechte Parade zu fahren. Das Problem ist der fehlende Rückhalt aus der Politik. Wenn die Demokratie-Proteste Anfang 2024 (die größten in der Geschichte der Bundesrepublik!) nicht dazu führen, dass konkrete politische Maßnahmen wie ein Demokratiefördergesetz (siehe den Beitrag von *Maximilian Pichl*, Anti-Woke Allianz) oder ein AfD-Verbotsverfahren (siehe den Beitrag von *Marco Wanderwitz*, Atempause für die Demokratie) endlich umgesetzt werden, wird klar: Die demokratischen Parteien versagen im Kampf für die Demokratie. Auf den Staat können wir uns nicht verlassen.

Wir können uns auch nicht darauf verlassen, dass uns »gute« Gesetze retten. Natürlich ist es wichtig, demokratische Institutionen besser zu schützen, etwa durch Reformen des Bundesverfassungsgerichtsgesetzes. Aber vor allem müssen wir zusätzliche demokratische Infrastrukturen schaffen und stärken (siehe den Beitrag von *Andreas Gutmann*, Angriff von innen). Das passiert etwa durch den »Gegenrechtsschutz« von FragDenStaat, die Gesellschaft für Freiheitsrechte und den Verfassungsblog, die überall dort Klagen gegen rechtswidrige staatliche Maßnahmen unterstützen, wo antidemokratische Rechte an der Macht sind. Auch zahlreiche Opferfonds, der Anti-Rechtsextremismus-Fonds des Deutschen Anwaltsvereins und der Gemeinnützigkeitsfonds von Campact und der Gesellschaft für Freiheitsrechte zählen dazu.

Das Recht kann nur bestehen, wenn der vorpolitische Raum demokratisch bleibt. Zentral ist dabei Vernetzung, auch in den politischen Raum hinein, innerhalb der Justiz, in der Anwält*innenschaft oder auch bei Beamt*innen. Und auch andere gesellschaftliche Gruppen, seien es Gewerkschaften (mehr strategische Klagen für politische Streiks!) oder Unternehmen (gebt das Geld an Demokratie-Initiativen!), sind gefragt. Angriff ist dabei die beste Verteidigung. Wir müssen preppen. Aber nicht individualistisch wie die Rechten, sondern kollektiv. Nennen wir es »Prepping for Future«. Wir müssen Freiräume schaffen und Vorräte an Solidarität und Liebe anlegen. Recht gegen Rechts gehört dazu.

Verteidigen wir die Gesellschaft nur gegen Angriffe von rechts, ohne diesen Angriffen eigene Visionen entgegenzusetzen, gelingt es uns höchstens, den Status quo zu verteidigen. Daraus folgen keine positiven gesellschaftlichen und strukturellen Entwicklungen. Diskurse verändern wir, indem wir eigene Inhalte in den Fokus bringen: Denn gesellschaftliche Positionen und Perspektiven sind natürlich nicht statisch, sie verändern sich. Anstatt nur auf sie zu reagieren, müssen wir auch versuchen, sie aktiv zu gestalten. Was sonst ist ihre Funktion?

Wir müssen für mehr Demokratie kämpfen, um sie zu verteidigen. Das bedeutet: Nicht nur gegen Asylrechtsverschärfungen kämpfen, sondern auch für offene Grenzen. Nicht nur gegen ungerechte Bürgergeldbestimmungen kämpfen, sondern für ein bedingungsloses Grundeinkommen. Nicht nur gegen den

Abbau von Bürgerrechten kämpfen, sondern für mehr Freiheitsrechte. Nicht nur gegen den Klimakollaps, sondern für lebenswerte Umwelten. Für eine Gesellschaft ohne Angst, mit einem zukunftsfähigen Gesundheits- und Sozialsystem und demokratischer Handlungsfähigkeit. Nicht zu vergessen: ein nachhaltiger Umgang mit den Ressourcen. Schlaue Pragmatiker*innen mögen darauf entgegen, das könne doch alles nicht funktionieren. Offene Grenzen seien gar nicht möglich. Aber seien wir ehrlich: Geschlossene Grenzen funktionieren doch auch nicht, wie die mehr als 28000 im Mittelmeer ertrunkenen Menschen seit 2014 zeigen. Wenn wir Visionen entwickeln, dürfen wir uns nicht dem Druck der Machbarkeit ergeben. Wir sollten Möglichkeitsräume entwerfen, die uns Freiheit zum Denken geben.

Der Kampf gegen Rechtsextremismus bleibt eine Lebensaufgabe. Das bedeutet auch, dass wir gemeinsam trauern müssen – um die Opfer rechter Gewalt, um den verlorenen Optimismus, wegen der Asylrechtsverschärfungen. Wir müssen diese Trauer zulassen und Wege finden, ihr Raum zu geben und sie so in unser Leben zu integrieren, sodass wir weiterkämpfen können. Die gemeinsame Trauerarbeit kann Kraft zum gemeinsamen Kämpfen geben. Aus der Trauer und Hoffnungslosigkeit kann Hoffnung und Handlungsfähigkeit entstehen.

DEMOKRATIEFEINDLICHKEIT

Autoritär-populistischer Angriff auf die Justiz

Das Beispiel Thüringen und seine Folgen

von Lennart Laude, Janos Richter, Juliana Talg

In den Abendstunden des 27. September 2024 erließ der Thüringer Verfassungsgerichtshof auf Antrag der Thüringer CDU-Fraktion eine einstweilige Anordnung, in der das Gericht festlegte, wie die konstituierende Sitzung des Landtags am folgenden Samstag fortgesetzt werden sollte. Am Tag zuvor war es bei der Sitzung zu einem in der Geschichte des deutschen Parlamentarismus beispiellosen Vorgang gekommen. Im Vorfeld der konstituierenden Sitzung hatte die AfD das Amt des Landtagspräsidenten für sich reklamiert, da dieses nach parlamentarischer Tradition – allerdings nicht nach rechtlichen Vorgaben – von der stärksten Fraktion besetzt wird. Zuvor hatten die anderen Fraktionen jedoch bereits erklärt, dass sie Kandidatinnen oder Kandidaten der rechtsextremen Thüringer AfD für dieses Amt nicht wählen würden. Dies nutzte die AfD für ihr Opfernarrativ, wonach sie sich an die demokratischen Regeln halte, während die als »Altparteien« diffamierten demokratischen Parteien diese ständig verletzten, um der AfD ihre (vermeintlichen) Rechte streitig zu machen. Im Erfurter Landtag hatte die AfD mit dem 73-jährigen Jürgen Treutler, der als Alterspräsident die erste Sitzung des Landtags leiten sollte, die Gelegenheit, diesen Konflikt auf der parlamentarischen Bühne auszufechten. Der Alterspräsident nutzte seine sehr beschränkte und zur Neutralität verpflichtete Rolle zunächst für eine parteipolitisch aufgeladene Rede; sodann ignorierte er sämtliche Anträge der übrigen Fraktionen, um den vermeintlichen Anspruch der AfD-Fraktion auf das Amt des Landtagspräsidenten durchzusetzen.

Wie der Thüringer Verfassungsgerichtshof in seinem Beschluss vom 27. September 2024 feststellte, verletzte Jürgen Treutler damit die Entscheidungsfreiheit und das Selbstbestimmungsrecht des Parlaments sowie die Antrags- und Mitwirkungsrechte der Abgeordneten. Auch wenn sich der Landtag nach der Entscheidung des Verfassungsgerichts konstituieren konnte, war das Manöver geeignet, das Parlament als Institution zu beschädigen.

Delegitimierung des Verfassungsgerichts

Die Ereignisse rings um die konstituierende Sitzung des Thüringer Landtags waren aber nicht nur ein Angriff auf das Parlament. Denn dass der Alterspräsident die Vorgaben des Thüringer Verfassungsgerichtshofs schlussendlich umsetzte, sollte nicht als ernst gemeinte Respektsbekundung vor dem Gericht und dessen Rechtsprechung missverstanden werden. Nicht nur im Nachgang, sondern bereits vor der Entscheidung hatten Vertreterinnen und Vertreter der AfD-Fraktion in Presse und sozialen Medien die Unabhängigkeit des Verfassungsgerichts unter Verweis auf die Parteibücher einzelner Mitglieder und die Auswahl einzelner Kandidatinnen und Kandidaten nach einem vermeintlichen »Altparteienproporz« in Frage gestellt. Kritik am Auswahlverfahren mag zwar grundsätzlich berechtigt sein. Ausgeblendet wurde aber, dass die AfD-Fraktion in den letzten Jahren selbst erfolgreich vor dem Verfassungsgericht Verfahren geführt hatte. Diese Richtersprüche wurden – wenig überraschend – stets begrüßt. Unter anderem dankte man dem Gericht öffentlich und betonte die Bedeutung einer unabhängigen Richterschaft. Dass die AfD im September 2024 bereits im Vorfeld der Entscheidung die angeblich fehlende Unabhängigkeit des Gerichts kritisierte, demonstriert, dass für die AfD-Fraktion die bewusste Delegitimierung des Verfassungsgerichts Vorrang vor der tatsächlichen Durchsetzung rechtsstaatlicher Vorgaben hat.

Dieser Eindruck verfestigte sich, als die AfD-Fraktion einen Monat nach der konstituierenden Sitzung Strafanzeige wegen Rechtsbeugung nach § 339 Strafgesetzbuch gegen zwei Mitglieder des Verfassungsgerichtshofs erstattete. Zur Begründung gab sie an, Richter Jörg Geibert hätte wegen Befangenheit an der Entscheidung vom 27. September 2024 nicht mitwirken dürfen, da sein Sohn Abgeordneter der antragstellenden CDU-Fraktion sei. Juristisch naheliegender wäre in dieser Situation (wenn überhaupt) ein Befangenheitsantrag im vorangegangenen verfassungsrechtlichen Verfahren gewesen. Der strafrechtliche Vorwurf der Rechtsbeugung ist indes völlig absurd, die Staatsanwaltschaft Erfurt lehnte die Aufnahme von Ermittlungen folgerichtig ab. Die AfD hält jedoch an dem Vorwurf fest und kündigte weitere rechtliche Schritte an. Das Vorgehen soll die Richterinnen und Richter als potenzielle Kriminelle brandmarken und so das Vertrauen der Bevölkerung in den Thüringer Verfassungsgerichtshof erschüttern.

Was macht die AfD mit ihrer Sperrminorität?

Mit diesen gezielten Angriffen zu Beginn der Legislaturperiode dürfte der Grundstein für eine weitreichende Strategie der Delegitimierung des Verfassungsgerichts gelegt worden sein. Auf diese kann die AfD dank ihrer Sperrminorität aufbauen, über die sie mit mehr als einem Drittel der Sitze im Landtag verfügt. Mit der Sperrminorität kann sie die Wahl neuer Mitglieder des Verfassungsgerichts verhindern. Ohne ihre Zustimmung kommt die hierfür in der Thüringer Verfassung vorgesehene Zweidrittelmehrheit im Landtag nicht zustande. Die AfD kann versuchen, diese Macht auszunutzen, um mit den anderen Fraktionen einen Deal auszuhandeln und selbst Mitglieder an das Gericht zu entsenden. Je nachdem, wen sie für das Amt vorschlägt, könnte sie damit auch Erfolg haben. Für die Wahl eines stellvertretenden Mitglieds hatte die AfD bei Redaktionsschluss des diesjährigen Reports bereits einen Kandidaten vorgeschlagen.

Sobald die AfD aber eigene Mitglieder am Gericht platziert hat, wird ihre Erzählung vom parteiischen Gericht weniger plausibel. Denkbar ist deshalb auch, dass sie bewusst radikale Kandidatinnen und Kandidaten aufstellt, die für die anderen Fraktionen unter keinen Umständen wählbar sind. In diese Richtung ging bereits die Nominierung der AfD-Abgeordneten Wiebke Muhsal als Kandidatin für das Amt der Landtagspräsidentin. Muhsal ist rechtskräftig wegen Betrugs verurteilt. Sie hatte in einer vorherigen Legislaturperiode den Arbeitsvertrag einer Mitarbeiterin vordatiert und deren Lohn zur Ausstattung ihres Büros verwandt. Würden in diesem Szenario die von der AfD nominierten Kandidatinnen und Kandidaten für den Thüringer Verfassungsgerichtshof nicht gewählt, hätte die AfD-Fraktion einen politischen Grund, die Kandidatinnen und Kandidaten der anderen Parteien nicht zu wählen. Da sie über eine Sperrminorität verfügt, hätte dies zur Folge, dass schlicht keine Richterinnen und Richter mehr an das Verfassungsgericht gewählt würden. Gleichzeitig könnte die AfD erneut ihr Opfernarrativ stärken und die anderen Fraktionen für die Blockade verantwortlich machen.

Bis zum Ende der regulären Legislaturperiode 2029 laufen die Amtszeiten sämtlicher neun Mitglieder – sowie von fünf der neun stellvertretenden Mitglieder – ab. Mitglieder, deren Amtszeit abläuft, könnten vorerst geschäftsführend im Amt bleiben; diese Übergangslösung ist verfassungsrechtlich zunächst unproblematisch. Wird sie zum Dauerzustand, ist dies mit hoher Wahrscheinlichkeit verfassungswidrig – auch wenn nicht geklärt ist, ab wann genau dieser Zeitpunkt eintritt. Ein allein mit geschäftsführenden Mitgliedern besetztes Verfassungsgericht hätte jedenfalls ein erhebliches Legitimationsproblem. Das Narrativ vom nicht legitimierten Gericht kann die AfD also auf diesem Weg in den nächsten fünf Jahren aus eigener Kraft erheblich verstärken.

Diese Delegitimierungsstrategie wird besonders wirkungsvoll, sollte die AfD bei den nächsten Wahlen in Thüringen eine Regierungsmehrheit erhalten. Eine als gesichert rechtsextrem eingestufte Partei könnte dann in einem Bundesland (durch-)regieren – während das Landesverfassungsgericht als wichtige Kontrollinstanz massiv geschwächt wäre. Vor diesem Hintergrund ist es erstaunlich, dass eine Reform zum Schutz des Bundesverfassungsgerichts ausgiebig diskutiert und schließlich im Dezember 2024 beschlossen wurde, während Lösungen für dieses Problem auf Landesebene bisher kaum öffentlich thematisiert werden.

Drohende Angriffe auf weitere Fundamente der Thüringer Justiz

In Thüringen kann die AfD mit ihrer Sperrminorität darüber hinaus auch die Funktionsfähigkeit der Zivil-, Straf- und Verwaltungsgerichte schwächen. Zwar finden sich deren grundlegende Verfahrensbestimmungen nicht im Landesrecht, sondern in den Prozess- und Verfahrensgesetzen des Bundesrechts. Landesrechtlich kann aber insbesondere auf den Modus der Richterernennung Einfluss genommen werden.

Der üblichen Verbeamtung auf Lebenszeit muss nach der Thüringer Verfassung ein Richterwahlausschuss zustimmen. Zwei Drittel seiner Mitglieder sind Abgeordnete des Thüringer Landtags, die durch den Landtag mit Zweidrittelmehrheit gewählt werden. Aus jeder Fraktion muss mindestens eine Person im Richterwahlausschuss vertreten sein. Damit bieten sich der AfD zwei Angriffspunkte: Erstens kann sich die Fraktion schlicht weigern, eine Person aufzustellen und so die Konstituierung des Richterwahlausschusses verhindern; zweitens kann sie durch ihre Sperrminorität verhindern, dass Kandidatinnen und Kandidaten der anderen Parteien gewählt werden.

Die erste Variante erprobte die AfD bereits 2020. Dabei machte sie die Aufstellung eines eigenen Kandidaten für den Richterwahlausschuss von der sachfremden Bedingung abhängig, dass der Landtag ihren Kandidaten zum Landtagsvizepräsidenten wählt. Erst nachdem die anderen Fraktionen eingewilligt hatten, stellte die AfD einen Kandidaten auf, so dass der Ausschuss sich konstituieren konnte. In der zweiten Variante kann die AfD zusätzlich die Wahl der Abgeordneten der anderen Fraktionen verhindern.

Sollte die Konstituierung des Richterwahlausschusses dauerhaft ausbleiben, hätte das weitreichende Folgen für die Funktionsfähigkeit der Thüringer Justiz. In den nächsten zehn Jahren werden etwa fünfzig Prozent der Richterinnen und Richter aus ihrem Dienst ausscheiden. Das Justizministerium kann ohne Richterwahlausschuss zwar weiterhin Proberichterinnen und -richter einstellen. Jedoch dürfen sie gesetzlich nicht an allen gerichtlichen Entscheidungen mitwirken, deshalb sind auf Dauer Ernennungen auf Lebenszeit erforderlich. Hinzu kommt, dass einige Richterinnen und Richter potenziell in andere Bundesländer abwandern werden, wenn sie in Thüringen nicht auf Lebenszeit ernannt werden können. Die Thüringer Justiz könnte an den Rand der Funktionsunfähigkeit gebracht werden. Der AfD-Fraktion kommt damit ein erhebliches Druckmittel zu, mit dem sie eigene Positionen durchsetzen oder für Chaos sorgen kann.

Auch hier besteht also die Gefahr, dass die AfD durch eine Blockade des Richterwahlausschusses die Justiz in den kommenden Jahren schwächt und damit eine Grundlage schafft, gerichtliche Entscheidungen, die sie betreffen, nicht mehr anzuerkennen. Sollte die AfD in Regierungsverantwortung kommen, könnte sie den Zustand der Justiz zudem als Vorwand für weitreichende »Reformen« nutzen, um die Justiz in ihrem Sinne umzustrukturieren.

Der Angriff auf die Justiz als autoritär-populistische Strategie

Die aufgezeigten Szenarien für den Justizbereich werfen Fragen auf, die nicht allein Thüringen betreffen. Bei der Delegitimierung und Blockade demokratischer Institutionen handelt es sich um eine typische Strategie autoritär-populistischer Parteien. Solche Parteien geben sich als die wahren Repräsentanten des Volkes aus, für das sie die Macht von den angeblich korrupten, herrschenden Eliten zurückerobern wollen, während das bestehende System als undemokratisch und dysfunktional dargestellt wird.

In dieser autoritär-populistischen Strategie kommt der Justiz eine Schlüsselrolle zu. Sie kontrolliert als unabhängige Gewalt Exekutive und Legislative und ist damit Garant für Rechtsstaatlichkeit. Für autoritär-populistische Parteien, die vorgeben, allein den Willen des Volkes zu kennen und richtig umzusetzen, ist diese beschränkende Kontrollinstanz ein Problem. Gleichzeitig wissen sie um die legitimierende Wirkung von Recht.

Zu Recht und Justiz haben autoritär-populistische Parteien daher ein instrumentelles Verhältnis. Recht wird immer so ausgelegt, dass es den eigenen Herrschaftsanspruch stützt. Die Gerichte müssen diese Rechtsauffassung jeweils bestätigen, um ihr den Anschein von Objektivität zu verleihen. Das stellt man langfristig sicher, indem man die Justiz mit den eigenen Leuten besetzt.

Kurz- und mittelfristig schafft die Schwächung und Delegitimierung die Voraussetzung, um im Falle einer Regierungsmehrheit einen tiefgreifenden Umbau der Justiz zu rechtfertigen. Besonders gut lässt sich diese Entwicklung an den Beispielen Polen und Ungarn nachvollziehen. In wenigen Jahren autoritär-populistischer Politik entstanden dort Justizsysteme, deren Institutionen ihre ureigenen Aufgaben nicht mehr wahrnehmen konnten. Die Gewaltenteilung bleibt als Fassade erhalten und kann die eigene Politik legitimieren. Faktisch existiert die Gewaltenteilung jedoch nicht mehr.

Chaos als Strategie

Die AfD hat den Vorteil, dass ihre Strategie nicht im Kompromiss münden muss, sondern auch das Chaos ein willkommenes Ergebnis ihrer Strategie sein kann. Aus dem gezielt geschaffenen Chaoszustand heraus hat sie die Übernahme der Institutionen immer im Blick. Ihr gezieltes Vorgehen gegen den Thüringer Landtag in der konstituierenden Sitzung und gegenüber dem Thüringer Verfassungsgerichtshof sollte die demokratischen Akteure aufrütteln.

Die beschriebenen Szenarien für den Justizbereich sind als Elemente einer autoritär-populistischen Strategie zu verstehen, die in anderen Staaten zu beobachten war und auch in anderen Bundesländern und auf Bundesebene zum Einsatz kommen kann. In Brandenburg hat die AfD ebenfalls eine Sperrminorität erhalten. Bei realistischer Betrachtungsweise verfügt sie über eine solche auch in Sachsen, da eine Zweidrittelmehrheit gegen die AfD nur zustande kommt, sofern sämtliche Abgeordnete der anderen Fraktionen einheitlich abstimmen. Auch in Brandenburg und Sachsen könnten die Landesverfassungsgerichte in Bedrängnis geraten. Und auch vor der Bundesebene wird die autoritär-populistische Strategie nicht haltmachen. Auch dort wird sie Regelungen identifizieren, die mit dem entsprechenden instrumentellen Blick für ihre Ziele ausgenutzt werden können.

Es bleibt zu hoffen, dass das Thüringer Beispiel sensibilisiert, dort, wo es noch möglich ist, rechtliche Anpassungen zu prüfen, um die institutionelle Resilienz zu stärken. Rechtliche Änderungen allein können allerdings nur einen kleinen Schritt darstellen. Die Rechts- und Verfassungsordnung kann einen Staat nicht vor autoritärem Populismus schützen. Vielmehr muss die autoritär-populistische Strategie verstanden und ihre Konsequenzen für das Zusammenleben der Bevölkerung und die demokratisch verfasste Gesellschaft besser als bisher erklärt werden. Nur so entsteht eine Zivilgesellschaft, die sich im Alltag und auf der Straße dem erstarkenden Autoritarismus der Rechtsextremen entschieden entgegenzustellen vermag.

Verfahren: ThürVerfG, Beschluss vom 27.09.2024 – 36/24; BVerfG, Beschluss vom 25.01.2023 – 2 BvR 2189/22.

Literatur: Anna-Mira Brandau/Juliana Talg, Sperrminorität kommt vor dem Fall: Wie der Rechtsstaat in Thüringen, Sachsen und Brandenburg blockiert werden könnte, Verfassungsblog vom 30. August 2024, abrufbar unter https://verfassungsblog.de; Jannik Jaschinski/Friedrich Zillessen/Juliana Talg/Anna-Mira Brandau, Dämmert's jetzt?: Eine Rekonstruktion der konstituierenden Sitzung des Thüringer Landtags, Verfassungsblog vom 27. September 2024, abrufbar unter https://verfassungsblog.de; Maximilian Steinbeis, Die verwundbare Demokratie. Strategien gegen die populistische Übernahme, München 2024.

Verfassungs(un)treue Landrät*innen

Mit einem blauen Auge davongekommen

von Ali Ighreiz

Nach der Wahl des AfD-Kandidaten Robert Sesselmann zum Landrat in Sonneberg nahmen die Sorgen vor den Kommunalwahlen 2024 in Thüringen zu. Die Befürchtung, dass bei diesen Wahlen weitere AfD-Kandidat*innen und solche, die politisch noch weiter rechts stehen, Mandate erringen würden, war nicht unbegründet. Der Rechtsextremist Tommy Frenck, Mitglied der Partei »Die Heimat« (Ex-NPD), erreichte die Stichwahl zur Landratswahl in Hildburghausen. Er betreibt in Hildburghausen das Gasthaus Goldener Löwe. Am Männertag 2024 bot er dort unter anderem Bratwürste ab »88 Cent« an, wobei die Zahl »88« ein Zahlencode der rechten Szene ist und auf »Heil Hitler« anspielt. Tommy Frenck organisiert zudem Rechtsrock-Konzerte und betreibt einen Online-Versandhandel, über den er Produkte mit rechtsradikaler Symbolik verkauft. Frenck verlor die Stichwahl, erreichte jedoch 31,1 Prozent der Stimmen. In neun weiteren Landkreisen gelang es Mitgliedern der AfD, in die Stichwahlen zu kommen. Keiner der Kandidaten konnte diese gewinnen, zum Teil unterlagen sie jedoch nur knapp. Auch wenn nicht viel gefehlt hat, werden viele Menschen aufgrund dieser

Ergebnisse doch aufgeatmet haben. Der Wählerwille hat sich mehrheitlich, wenn auch in Teilen nur knapp, gegen die AfD und rechtere Stimmen gestellt. Spätestens die relativen Erfolge rechter Kandidaten werfen jedoch die Frage auf, ob nicht verfassungsrechtliche Anforderungen für die Ämter gelten und welche rechtlichen Maßnahmen gegen die Aufstellung und Wahl ergriffen werden können.

Hätte es so weit kommen dürfen?

Dabei hätte es jedenfalls im Fall Tommy Frenck nicht so weit kommen dürfen, denn Landrät*innen und Bürgermeister*innen sind sogenannte Wahlbeamte auf Zeit. Sie nehmen eine Sonderstellung zwischen Beamt*innen und politischen Mandatsträger*innen ein. Die Wahlämter unterliegen den verfassungsrechtlich vorgegebenen Bestimmungen des Beamtentums. Hierzu gehört nach den Beamtengesetzen auch und insbesondere die Verfassungstreue. Entsprechend sehen zahlreiche Kommunalwahlgesetze unter anderem in Thüringen explizit vor, dass in diese Ämter ausschließlich solche Personen gewählt werden dürfen, die Gewähr dafür bieten, dass sie jederzeit für die freiheitlich-demokratische Grundordnung im Sinne des Grundgesetzes und der jeweiligen Landesverfassungen eintreten. Personen, die nicht verfassungstreu sind, können folglich nicht zum*r Landrat/-rätin oder Bürgermeister*in gewählt werden.

Inhaltliche Vorgaben an das Handeln von Landrät*innen sollten nicht als Wahlzensur verstanden werden. Die verfassungsrechtlichen Anforderungen an Beamt*innen, zu denen die Verfassungstreue zählt, sind zwingend. Die Bestellung durch Wahl kann es rechtfertigen, die Ämter von ansonsten bestehenden fachlichen Eignungsvoraussetzungen zu entbinden. Die Wahl befreit jedoch nicht von der Anforderung der besonderen Verfassungstreue. Insoweit kann gerade von höchsten Repräsentant*innen der Kommunalverwaltung nicht weniger verlangt werden als von anderen Beamt*innen des Landes und der Gemeinden.

Bereits im Rahmen der Vorbereitung auf die Kommunalwahl werden Wahlvorschläge durch den Wahlausschuss dahingehend kontrolliert, ob sie den Bestimmungen des Thüringer Kommunalwahlgesetzes entsprechen. Werden Bewerber*innen den Anforderungen des Kommunalwahlgesetzes nicht gerecht, sind sie nicht wählbar und aus den Wahlvorschlägen zu streichen. Auch die Verfassungstreue der Kandidat*innen muss in diesem Schritt geprüft werden. So jedenfalls die Theorie: Denn weder die Einstufung des Thüringer Landesverbandes der AfD als gesichert rechtsextrem noch die Vielzahl neonazistischer Aktionen führten zur Streichung von AfD-Kandidaten oder von Frenck. Letzterer wurde mit drei zu zwei Stimmen vom Wahlausschuss zur Wahl zugelassen. Dabei hatte der Thüringer Verfassungsschutz den Mitgliedern des Wahlausschusses ein eigenes Dossier über Frenck zur Verfügung gestellt.

Verfassungstreue als Herausforderung für Wahlausschüsse

Die großzügige Zulassung von Kandidat*innen könnte darin begründet sein, dass die Voraussetzung der Verfassungstreue nicht einfach abzustecken ist. Hierbei sind mindestens folgende Aspekte zu beachten: Die Achtung vor den im Grundgesetz konkretisierten Menschenrechten, vor allem dem Recht auf Leben und freie Entfaltung der Persönlichkeit; die Achtung der Volkssouveränität, die Gewaltenteilung, die Gesetzmäßigkeit der Verwaltung, die Unabhängigkeit der Gerichte, das Mehrparteiensystem und die Chancengleichheit für alle politischen Parteien mit dem Recht auf verfassungsmäßige Bildung und Ausübung der Opposition. Zu berücksichtigen ist, dass es nach der Rechtsprechung des Europäischen Gerichtshofs für Menschenrechte für die Entlassung aus dem Beamtenverhältnis nicht ausreicht, wenn eine Person in einer Partei Mitglied ist, die als verfassungsfeindlich und extremistisch gilt. Notwendig sind verfassungsfeindliche Äußerungen und Handlungen der Person selbst. Erforderlich ist also eine Einzelfallbetrachtung.

Der Wahlleiter des Landkreises hielt die Entscheidung des Wahlausschusses im Fall Frenck für unanfechtbar. Diese Einschätzung ist bestenfalls unvollständig, denn das Thüringer Kommunalwahlrecht eröffnet für den Fall der Wahl von Personen, die nicht verfassungstreu sind, Korrekturmöglichkeiten.

Werkzeuge demokratischer Resilienz

Die Wahl kann nach Bekanntmachung der Feststellung des Wahlergebnisses bei der Rechtsaufsichtsbehörde wegen Verletzung der Bestimmungen des Wahlgesetzes durch Wahlberechtigte angefochten werden. Weist die Rechtsaufsichtsbehörde die Wahlanfechtung zurück, kann gegen die Entscheidung Klage erhoben werden. Rechtsfolge einer erfolgreichen Wahlanfechtung ist eine Neuwahl. Voraussetzung für den Erfolg ist, dass erhebliche Verstöße gegen Wahlvorschriften vorliegen und diese geeignet sind, das Wahlergebnis wesentlich zu beeinflussen.

Verstöße gegen die Anforderungen an die Wählbarkeit, also die Verfassungstreue der Kandidat*innen, sind wesentlich. Es handelt sich nicht um bloße Formvorschriften, die für den Ausgang der Wahl zweitrangig sind. Die Anforderungen an die Verfassungstreue dienen dem Ziel, dass alle Mitarbeiter*innen im öffentlichen Dienst unterschiedslos die gleichen Voraussetzungen erfüllen, um die demokratische Zuverlässigkeit des öffentlichen Dienstes sicherzustellen. Die Zulassung einer mangels Verfassungstreue nicht wählbaren Person stellt einen erheblichen Verstoß gegen das Wahlrecht dar, der geeignet ist, das Wahlergebnis wesentlich zu beeinflussen. Die Beeinflussung des konkreten Wahlergebnisses ist offensichtlich, wenn die nicht verfassungstreue Person in das Amt gewählt worden ist. Wäre die Person gesetzeskonform nicht zugelassen worden, hätte sie nicht zur Wahl antreten dürfen und wäre nicht gewählt worden.

Auch nach Ablauf der Anfechtungsfrist und ohne Zutun von Wahlberechtigten ist die Überprüfung durch die Rechtsaufsichtsbehörde von Amts wegen im Rahmen einer sogenannten Wahlprüfung möglich. Im Fall Sesselmann hat die Rechtsaufsichtsbehörde eine solche Prüfung vorgenommen, aber keine konkreten Gründe gefunden, die ernsthafte Bedenken an seiner Verfassungstreue aufgeworfen hätten.

Das Bedürfnis des Rechtsaufsichtsamts, nach Verkündung der Entscheidung darauf hinzuweisen, dass »bei Bedarf jederzeit geeignete Mittel zur Verfügung stehen, um die Durchsetzung aller in Thüringen geltenden rechtlichen Regelungen zu sichern«, liest sich dann doch als Eingeständnis erheblicher Zweifel an dieser Entscheidung.

Verfassungsrechtlich gelten andere Maßstäbe für Bürgermeister*innen und Landrät*innen als für gewählte Abgeordnete. Für erstere gelten die Grundsätze des Beamtentums und nur für letztere die Rechte aus dem freien Mandat. Dementsprechend hebt auch die Rechtsprechung die verwaltende Funktion von kommunalen Wahlbeamt*innen hervor. Vor dem Hintergrund, dass sie für viele Verwaltungsaufgaben zuständig, also vollziehend tätig sind, und teilweise Weisungen unterliegen, ist dies auch sachlich gerechtfertigt. Folglich sollten Wahlberechtigte und Ausschüsse für die nächsten Kommunalwahlen die bisherige Zurückhaltung aufgeben und mutiger von den Werkzeugen einer wehrhaften Demokratie Gebrauch machen.

Verfahren: Zulassungsentscheidung des Wahlausschusses Hildburghausen zur Kommunalwahl in Thüringen 2024 und Wahlprüfungsentscheidung des Landesverwaltungsamts Thüringen vom 10.7.2023; OVG Thüringen, Urteil vom 14.10.2003, 2 KO 495/03; BVerfG, Beschluss vom 22.5.1975, 2 BvL 13/73.

Literatur: Maryam Kamil Abdulsalam, Rechtsextremisten dürfen nicht gewählt werden – oder doch? Legal Tribune Online vom 8.5.2024.

Angriff von innen

Warum Rechtsextreme die Landesverfassungsgerichte besetzen wollen – und wie sie noch aufgehalten werden können

von Andreas Gutmann

Von den Landesverfassungsgerichten ist meist wenig zu hören. Eine Ausnahme bildete im Sommer 2024 die Neubesetzung einiger Richter*innenposten am Berliner Verfassungsgericht. Hier blockierte die CDU die Wahl der Rechtsanwältin Seda Başay-Yıldız. Gegen Başay-Yıldız, eine der profiliertesten und engagiertesten Vertreter*innen von Opfern rechter Gewalt in Deutschland (siehe etwa *Seda Başay-Yıldız*, Report 2023, S. 19ff.; *Pitt von Bebenburg*, Report 2023, S. 203ff.), sprach für die CDU wohl, dass diese vor Jahren auch einen mutmaßlichen Islamisten vertreten hatte. Dass allen Menschen das Recht auf gerichtlichen Beistand zusteht, ist ein Fundament des Rechtsstaats. Der Stein des Anstoßes war also, dass Başay-Yıldız ihren Job als Anwältin gemacht hat. Da für die Wahl eine Zweidrittelmehrheit erforderlich ist, war eine Ernennung gegen den Willen der CDU nicht möglich.

Weniger Konsequenz wird in einigen Bundesländern – gerade auch vonseiten der CDU – gegenüber Richter*innen gezeigt, die von der AfD vorgeschlagen wurden. So fanden Kandidat*innen der vom Verfassungsschutz bundesweit als »rechtsextremistischer Verdachtsfall« und in weiten Teilen als »gesichert rechtsextrem« beobachteten Partei etwa in Bayern, Baden-Württemberg und Mecklenburg-Vorpommern eine Mehrheit und besetzen dort nun einige der höchsten Ämter des Staates. Dies zeigt: Die Besetzung der Landesverfassungsgerichte ist politisch umkämpft und bleibt vom gesellschaftlichen Rechtsruck der letzten Jahre nicht unberührt.

Doch warum spielt das eine Rolle? Welche Bedeutung haben die Landesverfassungsgerichte, die in der öffentlichen Wahrnehmung so häufig im Schatten des Karlsruher Bundesverfassungsgerichts verschwinden?

Die fragilen Bräuche der Parlamente ruhen auf den Schultern der Anständigen

Sämtliche Landesverfassungsgerichte üben die Funktion eines Staatsgerichtshofs aus. Sie entscheiden über verfassungsrechtliche Streitigkeiten zwischen den Staatsorganen, etwa solche um das Verhältnis zwischen Regierung und Parlament. So bestehen in Thüringen verfassungsrechtliche Unklarheiten in Bezug auf die Wahl der Landtagspräsident*in durch den Landtag. Hier hat der Verfassungsgerichtshof jüngst der AfD-Fraktion bei dem Versuch Einhalt geboten, durch krude Tricks ihren Kandidaten auf diesen Posten zu setzen. Dass ein Verfassungsgericht auf AfD-Linie hier anders geurteilt hätte, erscheint naheliegend.

Auch Streitigkeiten zwischen Regierung und Opposition in den Parlamenten können vor die Landesverfassungsgerichte gelangen. Die AfD fällt in den Volksvertretungen immer wieder durch gezielte Übertretung der althergebrachten parlamentarischen Konventionen auf. Der Umgang, den auch oppositionelle Parteien in den Parlamenten bisher miteinander pflegten – sich Gegnerinnen, aber nicht Feindinnen zu sein – wird von den Rechtsextremen mit Füßen getreten. Insbesondere da die parlamentarischen Regeln zu großen Teilen nicht verschriftlicht sind, sondern auf ungeschriebenen Parlamentsbräuchen und Gewohnheitsrecht beruhen, könnte eine AfD-freundliche Rechtsprechung der Landesverfassungsgerichte hier zu bedeutenden Verschiebungen des demokratischen Diskurses in den Landesparlamenten führen.

Die Landesverfassungsgerichte sind außerdem für das Wahlrecht auf Landesebene zuständig. Sie prüfen etwa Landtagswahlen auf ihre Rechtmäßigkeit. Rechte Akteur*innen raunen gerne von gefälschten Wahlen. Eine Instrumentalisierung der Landesverfassungsgerichte in wahlrechtlichen Fragen birgt also ein erhebliches Gefährdungspotenzial.

Wenn die Grundrechte der Einen die der Anderen gefährden

Die meisten Landesverfassungsgerichte stehen darüber hinaus auch Einzelpersonen offen: Sie sehen eine Landesverfassungsbeschwerde vor, mit der Menschen die Verletzung ihrer Grundrechte aus der jeweiligen Landesverfassung rügen können.

Inwiefern rechte Verfassungsrichter*innen dieses Verfahren strategisch einsetzen könnten, wurde bislang kaum diskutiert. Hier besteht zunächst die einfache Gefahr, dass die Verfassungsbeschwerden bestimmter Personengruppen einfach systematisch abgelehnt oder Verfahren strategisch verzögert werden. Der anzurichtende Schaden ist zwar im Ergebnis überschaubar, da gegen solche Entscheidungen das Bundesverfassungsgericht angerufen werden kann. Dieses prüft zwar nicht, ob das Landesverfassungsgericht die Grundrechte aus der Landesverfassung richtig angewendet hat, sondern untersucht, ob auch gegen Grundrechte des Grundgesetzes verstoßen wurde. Da eine weitgehende Übereinstimmung zwischen den Grundrechten aus Grundgesetz und den Landesverfassungen besteht, läuft dies de facto auf eine Überprüfung heraus. Da Verfahren vor dem Bundesverfassungsgericht nicht selten aber Jahre dauern, wären Betroffene bis dahin weiter rechtlich erheblich unsicherer gestellt.

Eine größere Gefahr liegt darin, dass rechte Landesverfassungsrichter*innen Verfassungsbeschwerden anderer, ihnen genehmer Personengruppen stattgeben. Das mag zunächst überraschend erscheinen. Grundrechtsschutz ist in demokratischen Rechtsstaaten grundsätzlich wünschenswert. Rügt ein Landesverfassungsgericht das jeweilige Bundesland unzutreffenderweise wegen der Verletzung eines Grundrechts, scheint das verkraftbar zu sein. Eine solche Sichtweise lässt jedoch die diskursive Wirkung von Verfassungsrechtsprechung außer Acht. So könnte es etwa das rechte Narrativ eines herbeischwadronierten »Rassismus gegen Deutsche« nähren, wenn Verfassungsgerichte Klagen stattgeben, die sich auf eine solche angebliche Diskriminierung stützten.

Doch auch unmittelbare Auswirkungen einer vermeintlich grundrechtsfreundlichen Rechtsprechung von rechts sind nicht zu unterschätzen. Konflikte zwischen verschiedenen Grundrechten spielen sich nicht in einem gesellschaftlichen Vakuum ab. In den meisten Fällen handelt es sich um multipolare Konflikte, in denen Grundrechte verschiedener Personen in ein Verhältnis gesetzt werden müssen. So greift eine Verurteilung wegen Hassrede stets in die Meinungsfreiheit der Täter*in ein, schützt aber gleichzeitig die Würde des Opfers und ist dadurch verfassungsrechtlich gerechtfertigt. Es handelt sich um diffizile, oft fein nuancierte Abwägungsentscheidungen, die durchaus Raum für Instrumentalisierung bieten. Ein weiteres Beispiel ist die wiederholt diskutierte Zulassung Rechtsextremer zum zweiten juristischen Staatsexamen (hierzu *Giulia Borsalino/Maren Diener/Sally Alexander Saling*, Report 2022, S. 55ff). Gerne behaupten rechte Nachwuchsjurist*innen, die Nichtzulassung verletze sie in ihrer Berufsfreiheit. Und obwohl das Bundesverwaltungsgericht im Oktober 2024 erneut bestätigt hat, dass eine Nichtzulassung rechtsextremer Bewerber*innen zulässig sein kann, könnten sich rechte Verfassungsrichter*innen auf Landesebene zukünftig als Verteidiger*innen der (Landes-) Grundrechte gerieren und gleichzeitig einer Unterwanderung juristischer Berufe durch Rechtsextremist*innen Vorschub leisten.

Wer wird Landesverfassungsrichter*in?

Rechte Landesverfassungsrichter*innen haben also zahlreiche Einflussmöglichkeiten. Doch wie können rechte Akteur*innen überhaupt auf diese Posten gelangen?

Landesverfassungsrichter*innen werden durch die jeweiligen Landtage gewählt, wobei in der Regel eine Zweidrittelmehrheit erforderlich ist. Eine Gefahr liegt hier zunächst darin, dass rechte Parteien wie die AfD, sofern sie mehr als ein Drittel der Abgeordneten eines Landtages stellen, ihre sogenannte Sperrminorität nutzen, um die Wahl von demokratischen Kandidat*innen zu blockieren. An allen Landesverfassungsgerichten ist die Amtszeit von Verfassungsrichter*innen beschränkt. In Brandenburg und Thüringen etwa wird in der aktuellen Legislaturperiode ein bedeutender Teil der Verfassungshüter*innen ausscheiden. In beiden Bundesländern verfügt die AfD seit der letzten Landtagswahl über eine solche Sperrminorität und kann hier nun jede Wahl von Verfassungsrichter*innen blockieren. Die demokratischen Parteien stehen also vor dem Dilemma, entweder mit den rechtsextremen Parlamentskolleg*innen zusammenzuarbeiten oder offene Stellen an den Landesverfassungsgerichten erst einmal nicht zu besetzen. In diesem Fall bleiben zwar die Verfassungsrichter*innen, die eigentlich ausscheiden sollten, kommissarisch im Amt. Dieser Zustand kann allerdings aus faktischen (Ausscheiden durch Krankheit oder Tod) und rechtlichen (den Richter*innen fehlt die Legitimität mangels Wahlakt) Gründen nicht endlos andauern.

Für den Umgang mit dieser Problematik liegen fundierte Vorschläge auf dem Tisch. So könnte im Falle einer Blockade des Landtags dem Verfassungsgericht ein Vorschlagsrecht für die neuen Richter*innen zukommen, die dann im Landtag mit einfacher Mehrheit – und nicht wie sonst mit Zweidrittelmehrheit – zu wählen wären. Denkbar wäre auch, im Falle einer Funktionsunfähigkeit des Landesverfassungsgerichts das Bundesverfassungsgericht mit dessen Aufgaben zu betrauen, was das Grundgesetz ausdrücklich offenhält.

Allerdings: Diese Reformen ließen sich nur durch Änderung der Landesverfassung umsetzen – und diese erfordert wiederum ebenfalls eine Zweidrittelmehrheit im Landtag. Eine solche Mehrheit wird in Brandenburg und Thüringen angesichts der Sperrminorität der AfD nicht zustande kommen. Die demokratischen Parteien, die in diesen Ländern zusammen immer noch mit weitem Abstand die Mehrheit bilden, sitzen in dieser Hinsicht nun also selbst verschuldet in der Falle der Rechtsextremen, weil sie nicht handelten, als es ihnen noch möglich gewesen wäre.

In einigen anderen Landesverfassungsgerichten sitzen bereits von der AfD vorgeschlagene Richter*innen – und das sogar, obwohl die Partei in diesen Bundesländern nicht über die oben beschriebene Sperrminorität verfügt. Zum Beispiel fürchteten in Bayern und Baden-Württemberg, in denen die Landtagsfraktionen entsprechend ihrer Größe ein Vorschlagsrecht für die Richter*innen haben, die dann vom gesamten Landtag gewählt werden, Teile der demokratischen Parteien im Fall einer Nichtwahl der AfD-Kandidat*innen entweder eine Funktionsunfähigkeit der Verfassungsgerichte oder eine Kaskade von immer neuen Vorschlägen der AfD. Gleichzeitig konnten sie sich nicht einigen, die rechtlichen Grundlagen für die Richter*innenwahl zu ändern. Da sich diese in Gesetzen bzw. der Geschäftsordnung des Landtags finden, wäre hierfür nicht einmal eine Zweidrittelmehrheit erforderlich gewesen. Eine vereinte »Brandmauer« gegen rechte Unterwanderung sieht anders aus.

Und nun?

Die Gefahren rechter Einflussnahme auf die Landesverfassungsgerichte liegen also auf der Hand, ebenso wie zahlreiche Vorschläge aus der Rechtswissenschaft, wie die Landesverfassungsgerichte gegen die rechte Vereinnahmung in Schutz genommen werden könnten. Diese Vorschläge haben allesamt ihre Tücken, sind jedoch einer Blockade oder rechten Unterwanderung der Gerichte gegenüber vorzugswürdig. Allein: Die demokratischen Parteien sitzen wieder einmal wie das Kaninchen vor der Schlange.

Zum Schluss eine gute Nachricht: Die Gefahr, die Maximilian Steinbeis für das Bundesverfassungsgericht aufgezeigt hat (*Maximilian Steinbeis*, Report 2020, S. 47ff.), dass ein zusätzlicher Senat mit politisch genehmen Richter*innen gebildet und diesem die Zuständigkeit für einen Großteil der Verfahren zugesprochen wird, besteht in den Ländern nicht. Anders als das Grundgesetz sehen sämtliche Landesverfassungen eine konkrete Zahl an Landesverfassungsrichter*innen vor, diese kann nicht ohne eine Verfassungsänderung erhöht werden. Angesichts der ansonsten mangelhaften Absicherung der Landesverfassungsgerichte ist dies freilich ein schwacher Trost.

Verfahren: Landesverfassungsgericht Thüringen, Beschluss vom 27. September 2024, Aktenzeichen VerfGH 36/24.

Literatur: Juliana Talg/Fabian Wittreck, Physiotherapie für die Richterwahl, Verfassungsblog vom 9. April 2024; Werner Reutter, Wer wacht über die Wächter?, Verfassungsblog vom 30. Januar 2024.

Wer schützt die Karlsruher Richter:innen?

Der lange Weg zu einer resilienten Verfassungsgerichtsbarkeit

von Ulrich Karpenstein und Kirstin Stiller

Verfassungsgerichte schützen die Verfassungen. Doch wer schützt die Verfassungsgerichte? Die jüngsten Entwicklungen in EU- und NATO-Staaten wie Polen, Ungarn, der Türkei und selbst den USA haben gezeigt: Autoritär-populistische Regierungschef:innen benötigen nicht einmal eine Wahlperiode, um die höchsten Gerichte ihres Landes zum Instrument ihrer eigenen Agenda zu verwandeln.

Beispiel Ungarn, Beispiel Polen

Viktor Orbán, der Ministerpräsident von Ungarn, hätte eine frühe Warnung sein können. Seine Fidesz-Partei hatte schon im Jahr 2012 an der Richterbank des bis dahin selbstbewussten und einflussreichen Verfassungsgerichts gerüttelt. Orbán ließ die Zahl der Richter:innen von elf auf fünfzehn erhöhen und wies dem Verfassungsgericht auf einen Streich sieben linientreue Mitglieder zu. Per Verfassungsgesetz verlor die bisherige Rechtsprechung des Verfassungsgerichts ihre Bindungswirkung. Das Verfassungsgericht störte nicht weiter auf Ungarns Weg in die illiberale Demokratie.

Jarosław Kaczyński in Polen ging etwas subtiler vor. Verfassungsändernde Mehrheiten waren der von ihm angeführten nationalkonservativen PiS-Partei nicht vergönnt. Weniger effektiv war der von Kaczyński eingeleitete Staatsstreich dennoch nicht. Der von ihm installierte Präsident Andrzej Duda weigerte sich 2015, den kurz vor knapp noch von der bisherigen bürgerlichen Regierungskoalition gewählten fünf neuen Richter:innen den Amtseid abzunehmen. Die Begründung war nicht einmal missbräuchlich: Die Vorgängerregierung hatte fünf anstelle der ihr lediglich zustehenden drei Kandidat:innen benannt. Kurzerhand ließ die PiS-Regierung fünf linientreue Richter:innen wählen. Ihnen nahm Duda den Amtseid ab. Verwirrendes Resultat: 2015 bestand das Gericht sowohl aus legal gewählten, aber nicht vereidigten, als auch aus nicht legal gewählten, aber vereidigten Mitgliedern.

Dann ging es Schlag auf Schlag. Der Sejm, das nationale Parlament, gab dem Verfassungsgericht vor, zunächst alte und längst nicht mehr aktuelle Verfahren abzuarbeiten. Damit konnte die PiS in schneller Folge Gesetze – etwa zur Kaperung des öffentlichen Rundfunks – erlassen, die bis zum Zeitpunkt ihrer verfassungsgerichtlichen Prüfung ihren Dienst längst getan hatten. In einem letzten Akt des Widerstands erklärte das Verfassungsgericht einige dieser Gesetze und die ihm auferlegten Verfahrensregelungen kurzerhand für verfassungswidrig. Doch die Regierung verweigerte dem Gericht die Gefolgschaft und sogar die Veröffentlichung dieser Entscheidungen. Der Staatsstreich war perfekt.

Handlungsbedarf in Deutschland

Es ist inzwischen ein Gemeinplatz, dass die deutsche Verfassungsgerichtsbarkeit gegen vergleichbare Übergriffe keineswegs besser geschützt ist als jene in Polen oder in Ungarn. Anders als die übrigen Verfassungsorgane ist das Bundesverfassungsgericht im Grundgesetz (GG) nur spärlich abgesichert. Einfallstor für politische Übergriffe ist Artikel 94 GG. Er bestimmt, dass die »Verfassung« und die Verfahren des Gerichts in einem ganz normalen Bundesgesetz geregelt sind. Für Änderungen dieses Gesetzes bedarf es nicht einmal der Zustimmung des Bundesrates, das heißt der Länderkammer, sondern lediglich einer einfachen Mehrheit im Bundestag.

Sämtliche Regelungen, die in den vergangenen Jahrzehnten für die Ausgewogenheit der Rechtsprechung gesorgt und damit das Fundament unseres Rechtsstaates gelegt haben, sind nicht im Grundgesetz, sondern im Gesetz über das Bundesverfassungsgericht (BVerfGG) verankert: So sorgt die Notwendigkeit einer parlamentarischen Zweidrittelmehrheit für die Richterwahl (Paragraphen 6 bis 7a BVerfGG) für eine parteiübergreifende Bestenauslese und sichert damit die Unabhängigkeit und Qualität des Verfassungsgerichts; die Amtszeit von zwölf Jahren (Paragraph 4 Absatz 1 BVerfGG) sichert die fachliche Expertise; der Ausschluss der Wiederwahl (Paragraph 4 Absatz 2 BVerfGG) vermeidet Gefälligkeitsurteile; die Beschränkung auf zwei Senate mit jeweils acht Richter:innen (Paragraph 2 BVerfGG) verhindert ein »Court Packing«, mit dem sich eine Regierungsmehrheit innerhalb kürzester Zeit eine ihr genehme Verfassungsgerichtsbarkeit zimmern könnte.

Und mehr noch: Es bedürfte nicht einmal einer parlamentarischen Mehrheit, die Funktionsfähigkeit dieses Verfassungsorgans zu behindern. Bereits ein obstruktives Drittel der Abgeordneten genügt, die Wahl von Verfassungsrichter:innen auf Dauer zu blockieren. Ausscheidende Richter:innen könnten nicht mehr ersetzt werden. Im Angesicht des weltweiten Erstarkens autoritärer Parteien war spätestens seit der Trump-Wahl 2016 klar: Es besteht Handlungsbedarf.

Diskussionen auf Länder- und Bundesebene

Die nun in Gang gekommenen Änderungen des Grundgesetzes sind Ermutigungen. Angestoßen wurden sie seit 2017 von wenigen Fachleuten, die die Lehren aus der fehlenden Resilienz der Gerichtsbarkeit in ehemals liberalen Rechtsstaaten ziehen wollten. Beiträge in Fachzeitschriften, Verfassungsdystopien wie der »Volkskanzler« von Maximilian Steinbeis (2019) und zahllose überparteiliche Gesprächsrunden – auch mit ehemaligen Richter:innen des höchsten Gerichts – legten Grundsteine für einen Konsens aller großen demokratischen Parteien des Bundestages.

Im Herbst 2023 nahm die Diskussion Fahrt auf. Nachdem zwei ehemalige Bundesverfassungsrichter Anfang 2024 ihre Vorschläge für einen stärkeren Schutz des Gerichts in die Öffentlichkeit getragen hatten, war klar: 75 Jahre nach Inkrafttreten des Grundgesetzes würde es einen breiten Konsens geben, die deutsche Verfassungsgerichtsbarkeit endlich abzusichern. Den ersten förmlichen Aufschlag machte wenige Wochen später eine Arbeitsgruppe der Justizministerkonferenz; das Bundesjustizministerium zog im April 2024 mit einem »Arbeitsentwurf« zur Änderung des Grundgesetzes nach.

Die Unterschiede beider Entwürfe waren allerdings nicht trivial. Während sich der Arbeitsentwurf aus Berlin darauf beschränkte, einige wesentliche Bestimmungen des BVerfGG in das Grundgesetz aufzunehmen, hatten die Bundesländer sich auf ein anspruchsvolles Drei-Säulen-Modell geeinigt: Neben einer Konstitutionalisierung bewährter Statusregeln (»Erste Säule«) sollten Vorkehrungen für den Fall getroffen werden, dass die – dann im Grundgesetz normierte – Zwei-Drittel-Mehrheit für die Richterwahl auch nach einem Jahr nicht erreicht wird (sogenannter Ersatzwahl-Mechanismus). Für diesen Fall sollte das jeweils andere Wahlorgan (also in der Regel der Bundesrat anstelle des Bundestages) einen parteiübergreifend konsensfähigen Kandidaten oder eine Kandidatin wählen können. Dritte Säule sollte die verfassungsrechtliche Absicherung künftiger Änderungen des Verfassungsgerichtsgesetzes sein: Nicht allein der Bundestag, sondern auch der Bundesrat müssten einer solchen Änderung zustimmen.

Der Weg zum Konsens

Zur Diskussion dieser Vorschläge trafen die Rechtspolitiker:innen von CDU, CSU, FDP, Grünen und SPD in insgesamt acht diskreten Gesprächsrunden zusammen. Frei von Tauschgeschäften und parteipolitischen Rempeleien wurde um eine sachgerechte Lösung gerungen. Schließlich, am 23. Juli 2024, wurde das Ergebnis in einer denkwürdigen Pressekonferenz gemeinsam vorgestellt. Im Grundgesetz – und nicht nur im BVerfGG – soll nunmehr niedergelegt sein, dass das Bundesverfassungsgericht

- »ein allen übrigen Verfassungsorganen gegenüber selbständiger und unabhängiger Gerichtshof des Bundes« ist;
- aus »zwei Senaten« mit »jeweils acht Richtern« besteht, die hälftig vom Bundestag und vom Bundesrat »in jeden Senat« gewählt werden;

- aus Richter:innen besteht, deren Amtszeit zwölf Jahre beträgt und die weder wiedergewählt noch abgewählt werden dürfen. Vorgesehen ist außerdem, dass ausscheidende Richter:innen bis zur Wahl eines neuen Richters oder einer Richterin ihre Amtsgeschäfte fortführen;
- sich autonom durch sein Plenum eine Geschäftsordnung zu seinen Arbeitsabläufen gibt;
- mit seinen Entscheidungen die sonstigen Verfassungsorgane des Bundes und der Länder sowie alle Gerichte und Behörden bindet.

Quasi in letzter Minute vor der Sommerpause 2024 einigten sich die Parteien zudem auf ein »Ersatzwahlmodell« für den Fall, dass eine Sperrminorität im Bundestag oder im Bundesrat die Wahl eines:r Richter:in blockiert: Innerhalb eines strikt geregelten und mit Fristen versehenen Verfahrens kann das Wahlrecht vom jeweils anderen Wahlorgan ausgeübt werden – Bundesrat statt Bundestag und umgekehrt –, wenn die Wahl des:r Nachfolgers:in nicht zustande kommt. Ein kluger Mechanismus, der einen Einigungsdruck im jeweiligen Wahlgremium aufbaut und zumindest faktisch dafür sorgen wird, dass der Bundestag das Zweidrittel-Erfordernis für Richterwahlen nicht vorschnell über Bord werfen wird. In einem Plenumsbeschluss – dessen Rechtsgrundlage man vergeblich sucht – hat das Bundesverfassungsgericht diesen Vorschlägen seinen Segen erteilt.

Unstreitig ist: Die Reformen sind ein bedeutender Schritt zur Absicherung des Rechtsstaats in Deutschland. Sie sind ein ermutigendes Beispiel dafür, dass externe Impulse parteiübergreifend reflektiert und aufgenommen werden können. Aber klar ist auch: Es fehlt das letzte und entscheidende Puzzlestück, das die Verfassungsgerichtsbarkeit auch in Zukunft gegen populistische und autoritäre Versuchungen absichern wird. Solange eine einfache Mehrheit im Bundestag ausreicht, das 2/3-Quorum für die Richterwahl auf die jeweils nötige Regierungsmehrheit zu senken, und solange eine einfache Mehrheit im Bundestag ausreicht, die Entscheidungsfindung innerhalb der Senate zu blockieren, bleibt der Schutz des höchsten deutschen Gerichts lückenhaft. Der Bundesrat forderte den Bundestag am 27. September 2024 daher dazu auf, künftige Änderungen des BVerfGG nicht (mehr) im Alleingang verabschieden zu können. Es gehe insbesondere nicht an, dass der Bundestag mit einfacher Mehrheit die Rechte des Bundesrates bei der Richterwahl beschneiden könne. Es bedürfe einer »zweiten Verteidigungslinie«.

Wie geht es weiter?

Bundestag und Bundesrat werden während der Drucklegung dieses Buches über die Vorschläge beraten. Was in jedem Falle bleibt, ist eine Novelle, die Mut machen sollte: den Landtagen in den Bundesländern, damit auch dort die Verfassungsgerichtsbarkeit und die übrige Justiz stärker vor feindlichen Übernahmen und Sperrminoritäten geschützt wird; der liberalen Zivilgesellschaft, der gezeigt werden konnte, dass es einen festen Willen der demokratischen Parteien gibt, die Essentialia der Gewaltenteilung und des Grundrechtsschutzes nicht den jeweiligen parlamentarischen Mehrheiten oder Sperrminoritäten zu überlassen; und der Fachwelt, der es mit einer gewissen Beharrlichkeit und sanftem Überzeugungsdruck gelungen ist, die Wehrhaftigkeit unseres Rechtsstaates im Angesicht bedrückender Erfahrungen und Bedrohungsszenarien zu steigern.

Verfahren: Deutscher Bundestag, Drucksache 20/12977 vom 24.9.2024; Plenumsbeschluss des Bundesverfassungsgerichts vom 11. September 2024 zu möglichen Änderungen der gesetzlichen Vorschriften über das Bundesverfassungsgericht

Literatur: Maximilian Steinbeis, Ein Volkskanzler, Süddeutsche Zeitung vom 6. September 2019.

Aufruhr im Gerichtssaal

Eine Hausärztin und ihre rechten Sympathisanten

von Alexander Schneider

Für ihre Anhänger ist die Hausärztin Bianca W. aus Moritzburg bei Dresden eine mutige Frau, die während der Coronapandemie vielen Menschen das Leben gerettet hat. Mehrere Dutzend Männer und Frauen, darunter Rechtsextremisten, Reichsbürger, Mediziner, Esoteriker, fundamentale Christen, Bekannte und selbsternannte Freunde unterstützten die 67-jährige Angeklagte monatelang ab November 2023 in ihrem Prozess vor dem Landgericht Dresden. Viele von ihnen provozierten regelmäßig die Kammer, zwei Frauen und ein Mann attackierten einmal sogar die Richter vor dem Gerichtsgebäude in ihrem Fahrzeug. Unterdessen kommt das Gericht zu dem Ergebnis, dass die Ärztin ihre Patienten für die ausgestellten Gefälligkeitsatteste nie untersucht oder gar behandelt hatte.

Bianca W.s Atteste waren zwar kostengünstig, sie hatte jedoch in einem Ausmaß Gefälligkeitsgutachten ausgestellt, das seinesgleichen sucht. Die inzwischen mit einem Berufsverbot belegte ehemalige Hausärztin wurde wegen Ausstellens unrichtiger Gesundheitszeugnisse in etwa 1000 Fällen schuldig gesprochen und erhält eine Freiheitsstrafe von zwei Jahren und acht Monaten. Die Staatsanwaltschaft hatte sogar auf vier Jahre und zehn Monate plädiert.

Die Richter waren nach der siebenmonatigen Beweisaufnahme überzeugt, dass die Angeklagte bundesweit auf fünf sogenannten Sammelterminen ihren Patienten ohne Diagnose die gewünschten Atteste ausgestellt hatte – lebenslange Befreiungen vom Tragen eines Mund-Nasen-Schutzes, lebenslange Befreiungen von jeglichen Impfungen und Befreiungen von Schnelltests mittels eines Nasen- oder Rachenabstrichs. Das System sei stets nach dem gleichen Muster abgelaufen. Zunächst kam es durch lokale Veranstalter von »Attest-Partys«, wie sie auch genannt wurden, zur Kontaktaufnahme mit der Angeklagten. Veranstalter waren meist Heilpraktikerinnen, aber auch Tattoostudios und sogar Bestattungsunternehmen. Sie hatten meist über Mund-zu-Mund-Propaganda von den Dienstleistungen der Ärztin aus Sachsen erfahren, Bianca W. war in der Szene längst dafür bekannt, dass sie die Pandemiemaßnahmen der Politik nicht unterstützte.

Zuerst hatte sich die Angeklagte Listen der Attest-Interessenten mit Informationen zu Geschlecht, Alter, Gewicht, möglichen Vorerkrankungen und ihren Befreiungswünschen schicken lassen. Das Gericht ist überzeugt, dass die Ärztin allein mit diesen Angaben bereits zu Hause die Atteste ausgefüllt, unterschrieben und abgestempelt hatte, also vor einem persönlichen Erstkontakt mit den Patienten. Beim ersten Treffen, dem Sammeltermin, mussten die Patienten dann die Elektroden eines sogenannten Magnetresonanz-Analysators anfassen, der in den wenigen Sekunden Hunderte Messwerte ausspuckte – und einzig und allein dazu gedient habe, den Patienten eine Untersuchung vorzugaukeln, wie der Vorsitzende Richter Jürgen Scheuring sagte. In dem folgenden, sehr kurzen Arztgespräch seien lediglich die Atteste übergeben worden. Kassiert wurde dann durch Dritte.

Wer nur ein einziges Attest wollte, zahlte dafür 40 oder sogar 50 Euro, erwarb man alle drei, reduzierte sich der Preis auf 30 oder 25 Euro pro Dokument. Manche versorgten ihre gesamte Familie mit den günstigen Gutachten, so der Richter.

Bei den in diesem Prozess angeklagten fünf Sammelterminen in den Jahren 2020 und 2021 hatte W. etwa 1000 Atteste ausgestellt und dafür rund 48000 Euro kassiert. Insgesamt jedoch steht die Ärztin im Verdacht, an etwa 40 Sammelterminen rund 7000 Patienten mit rund 12000 Attesten versorgt zu haben. Das berichteten Beamte einer eigens eingerichteten Ermittlungsgruppe der Polizeidirektion Dresden als Zeugen. Dabei muss W. nach vorsichtigen Schätzungen mindestens 300000 Euro eingenommen haben. Das Geld wurde nie gefunden, lediglich rund 20000 Euro hatte die Polizei bei Hausdurchsuchungen im März 2021 und im Februar 2022 sicherstellen können.

Die Hausärztin gehört zum »Indigenen Volk Germaniten«

Bianca W. lebte zurückgezogen auf ihrem Moritzburger Anwesen, zu dem neben einem Einfamilienhaus, in dem sich im Erdgeschoss die Praxisräume befanden, auch zwei Nebengelasse gehörten. In einem soll die Ärztin mit ihren Tieren gewohnt haben. Bianca W. zählt sich zum »Indigenen Volk Germaniten«, einer 2010 gegründeten Bewegung der sogenannten Reichsbürger- und Selbstverwalterszene. Die »Eingeborenen« leugnen die Existenz der Bundesrepublik Deutschland nicht derart wie andere Gruppe dieser Szene, sie fühlen sich dem Staat aber nicht zugehörig und lehnen die Gesetze, vor allem finanzielle Forderungen, grundlegend ab. Der Verfassungsschutz beobachtet auch das »Indigene Volk Germaniten« als extremistische Strömung.

Bianca W. hatte sich schon in den 2010er Jahren zu den »Indigenen« gezählt und Probleme mit den Behörden bekommen. Wegen versuchter Nötigung von Rathausbediensteten wurde sie zu einer Geldstrafe verurteilt. Auch bei der Landesärztekammer Sachsen war sie aufgefallen, sie war unkooperativ, hatte eine Begutachtung abgelehnt und schließlich sogar ihre Zulassung als Kassenärztin verloren. Schon ein, zwei Jahre vor der Coronapandemie lief gegen Bianca W. ein Privatinsolvenzverfahren und sie stand im Fokus von Polizei und Ordnungsamt, weil sie die Waffensammlung ihres verstorbenen Vaters, einem Jäger, nicht herausgegeben hatte. Von den Flinten, Büchsen und Pistolen fehlt bis heute jede Spur.

Die prekären Wohnverhältnisse der Ärztin, im Prozess wurden Fotos einer typischen Messie-Behausung gezeigt, ihre klamme finanzielle Situation, die nicht auffindbaren Waffen und nicht zuletzt ihre Germaniten-Beziehungen waren der Anlass, dass gegen die Verdächtige Ende Februar 2022 ein Haftbefehl wegen Fluchtgefahr vollstreckt wurde. Spätestens mit dieser Entscheidung wurde Bianca W. für Kreise außerhalb der Coronaleugner-Szene interessant. Die rechtsextreme Kleinstpartei »Freie Sachsen« organisierte regelmäßig Demos vor dem Chemnitzer Frauengefängnis, in dem W. in Untersuchungshaft saß. Die »Freien Sachsen« bezeichneten die Corona-Maßnahmen von Anfang an als staatliche Willkür. Sie hatten sich erst Anfang 2021 gegründet und wurden schon nach wenigen Monaten vom Landesamt für Verfassungsschutz Sachsen (LfV) als »gesichert rechtsextrem« beobachtet.

»Coronadiktatur« und »politischer Schauprozess«

Der Fall der Ärztin, gerade weil hier eine Beschuldigte im Rentenalter in U-Haft saß, der kein Kapitaldelikt vorgeworfen wurde, triggerte W.s Unterstützer. Mehrere Dutzend Sympathisanten der Ärztin verfolgten als Zuschauer die Hauptverhandlung. Für sie war der Prozess ein rechtswidriges Verfahren der »Coronadiktatur«, die an der Medizinerin, die doch so vielen Menschen das Leben gerettet habe, wie sie behaupteten, ein »Exempel statuieren« wolle. Die Formulierung »politischer Schauprozess« zählt noch zu den gemäßigteren Bezeichnungen. Die Staatsanwaltschaft wurde beschuldigt, ihre Anklage auf politische »Weisung von Oben« erstellt zu haben, Ermittler wurden bezichtigt, in ihren Vernehmungen vor Gericht »gelogen« zu haben.

Immer wieder hatten Sympathisanten in der Hauptverhandlung das Gericht gezielt provoziert. Wenn die Angeklagte in den Saal geführt wurde, anfangs noch in Handschellen, standen sie auf, klatschten Beifall und winkten. Bianca W. winkte stets zurück, etwas schüchtern, manchmal zeigte sie eine Siegerpose. Als kurz darauf die Richter den Saal betraten, blieben W.s Anhänger sitzen – eine bewusste Provokation. In deutschen Gerichten stehen alle Anwesenden auf, aus Respekt vor der Rechtsordnung. Der Vorsitzende Richter Jürgen Scheuring kommentierte das Verhalten des Publikums ab und an, hin und wieder setzte er auch mit Hilfe der Wachtmeister durch, dass alle aufstanden. Auch Zeugenvernehmungen oder Bemerkungen des Vorsitzenden wurden vom Publikum immer wieder kommentiert. W.s Unterstützer lachten etwa oder klatschten Beifall.

Mitte Mai jedoch kam es nach einem Verhandlungstag zu einem unerwarteten Übergriff auf das Gericht. Als die Berufsrichter mit dem Auto vom Gericht wegfahren wollten, vor dem Gebäude aber an einer Ampel warten mussten, sprangen ein Mann und zwei Frauen auf das Auto zu. Sie rüttelten an der Fahrertür und riefen Parolen wie »Freiheit für Bianca!« und warfen den Richtern etwa vor, dass sich die Ärztin in Haft nicht von ihrem verstorbenen Hund habe verabschieden können. Die mutmaßlichen Täter wurden bekannt gemacht, das Landgericht erstattete eine Anzeige, die Polizei ermittelte.

Weder das lange Ermittlungsverfahren noch die U-Haft wirkten sich positiv auf die Gesprächsbereitschaft der Ärztin aus. Sie äußerte sich nie zu den Vorwürfen. Auch während der langen Beweisaufnahme schwieg sie eisern. Erst in ihrem sogenannten »letzten Wort«, das jedem Angeklagten am Ende der Plädoyers zusteht, stellte W. ihre Sicht dar: »Meine Damen und Herren, hohes Gericht. Jeder von uns ist ein Wunderwerk der Schöpfung«, begann sie ihre wenige Minuten dauernde Einlassung, ohne jedoch konkret Stellung zu beziehen.

Sie sprach von der Einzigartigkeit des menschlichen Körpers. »Jeder Körper reagiert anders.« Aufgabe von Ärzten sei es, ihre Patienten in einer »anständigen, klaren, verständlichen Art und Weise« vor Gefahren zu bewahren. Wie genau sie ihre Patienten behandelt hat, sagt sie nicht. Als Ärztin habe sie den Willen ihrer Patienten zu respektieren und ihre ärztliche Einstellung kundzutun. Sie habe immer nach bestem Wissen und Gewissen gehandelt, der Schutz von Leben und Gesundheit stünde vor allem anderen – in »Ehrfurcht vor dem Schöpfer«. Wie auf ein Kommando sprangen danach ihre Unterstützer im Zuschauerraum hinter den Plexiglasscheiben auf und klatschen Beifall.

Tumulte bei der Urteilsverkündung

Zur Urteilsverkündung am Montag, den 17. Juni 2024, waren zunächst mehr als hundert Sympathisanten anwesend. Als der Vorsitzende Richter das Urteil verkündete, war es noch ruhig im Saal, wieder waren viele erstmal sitzen geblieben. Die Angeklagte wurde unter anderem wegen gewerbsmäßigen Ausstellens unrichtiger Gesundheitszeugnisse zu einer Freiheitsstrafe von zwei Jahren und acht Monaten verurteilt. Doch als Scheuring ansetzte, die Entscheidung der Kammer zu begründen, entstanden Tumulte im Gerichtssaal.

Zunächst rief ein Zuschauer aus Bayern: »So vielen Menschen hat sie geholfen mit ihren Attesten!« Viele andere sprangen jetzt auf, klatschten wieder, dann sangen sie wie abgesprochen die Nationalhymne und skandieren immer wieder »Freiheit!« Es wurde hektisch, unübersichtlich, Justizbedienstete versuchten, die Situation zu kontrollieren. Ein Mann stürzte, ein älterer Zuschauer rief: »Bald kommt die Wende!« Der Vorsitzende ließ den Saal räumen. Erst eineinhalb Stunden später setzte er die Urteilsbegründung fort, dann vor nur noch rund 20 Sympathisanten.

Das Gericht war überzeugt, dass die Angeklagte ihren Patienten unrichtige lebenslange Befreiungen vom Tragen des Mund-Nasen-Schutzes »aus medizinischen Gründen« ausgestellt habe, außerdem ebenfalls lebenslange, unbegrenzte Impfverbote und als dritte Variante die Befreiung von Covid-Schnelltests per Nasen- oder Rachen-Abstrich. In allen Fällen habe W. diese Gesundheitszeugnisse ohne Anamnese und Untersuchung erstellt.

Gerade die Achtung der Einzigartigkeit des menschlichen Körpers, den die Angeklagte in ihrem »letzten Wort« beschworen hatte, habe sie selbst vermissen lassen, so Scheuring. Die Atteste erweckten von der Gestaltung den Eindruck, es habe eine Begutachtung stattgefunden. Doch sie wurden ohne Untersuchung so ausgestellt, wie es die Patienten wünschten. W.s Vorbereitungen und in ihrer Praxis sichergestellte Atteste belegten, ihr sei es »nicht darauf angekommen, dass Untersuchungen durchgeführt werden«, sagte Scheuring. Ärztliche Gesundheitszeugnisse seien ein »sehr wertvolles Gut«, das habe auch der Gesetzgeber aus Respekt und Vertrauen gegenüber dem Arztberuf berücksichtigt.

Bianca W. habe gegen die Regeln ihres Berufsstandes in eklatanter Weise verstoßen, indem sie Atteste ohne Befund ausgestellt habe. Selbstherrlich. Das habe die Beweisaufnahme zweifelsfrei ergeben. Scheuring sprach von »Gefälligkeitsgutachten«.

Interessante Beobachtung am Rande: Ein Rechtsmediziner hatte sich mit dem Analysegerät der Angeklagten beschäftigt. Sein Fazit: Es sei kein medizinischer Nutzen dieser Geräte bekannt oder gar wissenschaftlich nachgewiesen. Der Hersteller selbst schreibt im Kleingedruckten, diese Analysatoren seien für eine medizinische Verwendung nicht geeignet. Am Ende des turbulenten letzten Prozesstages gab es dann doch eine Entscheidung, mit der kein Zuschauer mehr gerechnet hatte. Das Gericht setzte den Haftbefehl gegen die Angeklagte unter strengen Auflagen außer Vollzug. Wenn sich Bianca W. gleich zu den Vorwürfen eingelassen hätte, so Scheuring, wäre die Hauptverhandlung deutlich kürzer gewesen, und sie »sehr zeitnah« aus der Haft entlassen worden. Nach rund einem Jahr und vier Monaten kam W. in Freiheit und wurde vor dem Gebäude von ihren Sympathisanten gefeiert. Sie stießen mit Sekt an und sangen »So ein Tag, so wunderschön wie heute«.

Beendet war das Verfahren noch nicht. Die Staatsanwaltschaft und die Verteidiger beantragten eine Revision vor dem Bundesgerichtshof. Nur zwei Monate später im August 2024 legte die Staatsanwaltschaft eine weitere Anklage gegen Bianca W. vor, wieder ging es um Hunderte Gefälligkeitsgutachten auf zwei weiteren Sammelterminen.

Verfahren: Landgericht Dresden, Urteil vom 17. Juni 2024, Az 15 KLs 734 Js 35923/21.

»Anti-Woke«-Allianz

Rechtsliberale Angriffe auf das Projekt eines Demokratiefördergesetzes

von Maximilian Pichl

»Das Herz unserer Demokratie schlägt auf unseren Straßen und Plätzen«, sagte Bundesinnenministerin Nancy Faeser (SPD) Anfang des Jahres 2024 mit Blick auf die Millionen von Menschen, die gegen Rechtsextremismus demonstrierten. Die Ministerin forderte im gleichen Atemzug, zivilgesellschaftliche Initiativen besser zu fördern. »Um sie dauerhaft und verlässlich zu unterstützen, brauchen wir endlich das Demokratiefördergesetz. Der Bundestag sollte es jetzt beschließen. Es ist höchste Zeit dafür.«

Anfang 2023 hatte die Bundesregierung das Demokratiefördergesetz in den Bundestag eingebracht. Diesem Schritt gingen bereits langwierige Verhandlungen im Kabinett voraus. Die FDP blockierte das Gesetz energisch – und aufgrund des vorzeitigen Aus der Ampel-Regierung wurde es nicht mehr beschlossen.

Dabei forderte schon der erste NSU-Bundestagsuntersuchungsausschuss 2013 in seinem Abschlussbericht »mit Nachdruck eine [Verstetigung und] Neuordnung der Förderung zivilgesellschaftlichen Engagements gegen Rassismus, Antisemitismus und Rechtsextremismus«. Dieser Handlungsempfehlung stimmten alle damaligen Fraktionen von CDU bis Linkspartei, einschließlich der FDP, zu. Dieser breite parlamentarische Konsens wurde jedoch nicht umgesetzt. Rückblickend lässt sich feststellen, dass die demokratischen Parteien im Bundestag die Chance verpasst haben, das Demokratiefördergesetz zu einer Zeit, als die extreme Rechte noch nicht so stark im politischen Feld vertreten war, zu verabschieden. Der Entwurf wurde vielmehr Gegenstand einer erregten öffentlichen Stimmungsmache.

Der Weg zum Demokratiefördergesetz

Im Oktober 2000 rief der damalige Bundeskanzler Gerhard Schröder den »Aufstand der Anständigen« aus, um sich solidarisch mit den Betroffenen antisemitischer und rassistischer Gewalt zu zeigen. Kurz zuvor hatte es einen Brandanschlag auf die Düsseldorfer Synagoge gegeben. Diesem Appell folgte nicht nur die Initiierung des ersten NPD-Parteiverbotsverfahrens – das im Jahre 2003 kläglich scheiterte –, sondern auch eine verstärkte finanzielle und organisatorische Stärkung von Demokratieprojekten. Die größten Programme »Demokratie leben!« (finanziert durch das Bundesfamilienministerium) und »Zusammenhalt durch Teilhabe« (finanziert durch das Bundesministerium des Innern und für Heimat) umfassen mittlerweile über 200 Millionen Euro an Fördergeldern jährlich. Das Problem an den Programmen: Die finanzielle Förderung ist immer nur auf zeitlich befristete Förderlinien begrenzt und die meisten Mitarbeiter*innen können ebenfalls nur befristet angestellt werden, was zu einer großen personellen Fluktuation führt. Auf diese Weise kann sich die Demokratiearbeit vor Ort kaum verstetigen.

Dieses Problem haben auch die seitdem wechselnden Bundesregierungen erkannt und immer wieder den Versuch gestartet, eine langfristige Förderung zu vereinbaren. Doch die Vorhaben scheiterten allesamt. In der Großen Koalition wagte sich die damalige Bundesfamilienministerin Franziska Giffey an das Projekt, aber der Widerstand seitens der CDU/CSU war zu groß. Man befürchte, so hieß es aus Kreisen der Union, dass mit dem Gesetz »linke Initiativen« staatliche Zuwendungen erhalten könnten. Unter der Ampel-Regierung starteten Innenministerin Nancy Faeser und Familienministerin Lisa Paus einen neuen Versuch. Das Kabinett stimmte 2022 dem Vorhaben zu, auch mit den Stimmen der FDP-Minister*innen. Doch die FDP-Fraktion wiederholte den Vorwurf der Union und warnte vor einer Förderung »linker Verfassungsfeinde«. Die FDP forderte daher die (Wieder-)Einführung einer Extremismusklausel, die Initiativen unter Generalverdacht stellen würde.

Der Gesetzesentwurf der Ampel fiel im Vergleich zu der öffentlichen Debatte mit nur neun Paragraphen recht kurz aus. Der Entwurf zielte in seinem Paragraphen 1 auf die Förderung und Stärkung des gesellschaftlichen Zusammenhalts. Unterschiedliche Maßnahmen kommen in Betracht: die Förderung demokratischer Werte, politische Bildung, Verhinderung von Extremismus, Förderung von Vielfalt, Wissenstransfer oder die Stärkung überregionaler Strukturen. Der Bund kann entweder eigene Maßnahmen zur Erreichung dieser Ziele durch Informationsangebote und Veranstaltungen vorantreiben oder Träger der Demokratiearbeit langfristig fördern (Paragraphen 3 und 4).

Vielfalt als Trigger

Gegen das geplante Demokratiefördergesetz gab es eine erstaunliche Front, die von der AfD, rechten Influencer*innen, rechtskonservativen Publizist*innen bis hin zur FDP reichte.

Der gemeinsame Trigger war die geplante Förderung von Vielfalt, die Paragraph 2 des Entwurfs vorsieht. Bundestagsvizepräsident Wolfgang Kubicki (FDP) sagte: »Der demokratische Verfassungsstaat hat nicht die Aufgabe, für gesellschaftliche Vielfalt zu sorgen. Wer meint, mithilfe eines Gesetzes über die gesellschaftliche Vielfalt entscheiden zu können, hat nicht den Schutz der Demokratie im Sinn, sondern eigene Machtpolitik.« Seine Parteikollegin Linda Teuteberg unterstellte dem Gesetz, »Sondererziehungsrechte für die politische Linke« zu unterstützen und raunte: »Das Grundgesetz beruht auf dem Konzept einer wehrhaften Demokratie, nicht etwa einer ›woken‹.« Publizistisch verschrieben sich dem Kampf gegen das Demokratiefördergesetz Medien wie Julian Reichelts Plattform NIUS, der Focus und Cicero. Der Focus-Kolumnist Jan Fleischhauer erklärte: »Das sogenannte Demokratiefördergesetz ist der Versuch, auf juristischem Weg die Hegemonie zu sichern, die einem zu entgleiten droht.«

Tatsächlich ist es problematisch, wenn Demokratie »von oben« verordnet wird. Aber das Gesetzesvorhaben zielte auf etwas ganz anderes ab: Das konkrete Problem besteht darin, dass die Demokratieförderprojekte immer in einem Zustand der Unsicherheit und fehlenden Planbarkeit gefangen sind. Das ist gerade für die Demokratiearbeit ungünstig, die auf eine vertrauensvolle und kontinuierliche Begleitung angewiesen ist, gerade im Bereich der Deradikalisierung. Den Gegner*innen des Entwurfs kam zudem nicht in den Sinn, dass ihre Forderung nach einer Extremismusklausel, die mit unbestimmten Begriffen wie der »freiheitlich-demokratischen Grundordnung« hantiert, viel stärker von »oben« diktieren würde, wie sich zivilgesellschaftliche Akteur*innen zu verhalten haben. Schon heute lässt sich beobachten, dass Demokratieprojekte gerade nicht »auf Linie« der Regierung agieren, sondern unabhängig davon eigene Positionen entwickeln. Genau dafür werden sie jedoch mitunter abgestraft, wie die Förderaffäre in Sachsen und die Beschränkung der Meinungsäußerungen von Initiativen auf eine »politische Neutralität« zeigen (siehe hierzu den Beitrag von *Jonas Deyda* in diesem Report, Maulkorb für die Zivilgesellschaft). Der Gesetzesentwurf enthielt zudem durchaus Fördervoraussetzungen. Paragraph 5 des Entwurfs setzte nicht bei dem wissenschaftlich hochproblematischen Extremismusbegriff an, sondern statuierte, dass juristische Personen des privaten Rechts die Ziele des Grundgesetzes achten und fördern sollen. Und in diesen Zielen sind durchaus Aspekte der Vielfalt enthalten, wie etwa die Förderung der Gleichberechtigung oder die Diskriminierungsverbote aus Artikel 3 Absatz 3 Grundgesetz.

Sozialstaatliche und demokratische Leerstellen

Die lautstarke Kampagne gegen das Demokratiefördergesetz darf nicht dazu führen, das Projekt, dass die Ampel-Regierung angestoßen hat, kritiklos zu verteidigen. Für die Demokratieprojekte wäre es enorm wichtig gewesen, dass das Gesetz kommt. Aber der Entwurf war zugleich nicht ausreichend, hantierte mit einem verkürzten Demokratieverständnis und wies eine sozialstaatliche Leerstelle auf. Er folgte – trotz des Vorhabens, langfristige Förderungen zu realisieren – weiterhin der Logik, dass sich demokratische Bildung und die Prävention gegen gruppenbezogene Menschenfeindlichkeit allein durch Projekte, Broschüren und Beratungsangebote verwirklichen könne.

Doch Demokratie wird vor allem durch praktische Erfahrungen und den gemeinsamen Austausch in öffentlichen Räumen erlebt. Dazu bedarf es aber Infrastrukturen, denn Demokratie muss man sich auch leisten wollen. Im Widerspruch hierzu stehen die massiven Kürzungen, die die Ampel in den letzten zwei Jahren durchgeführt hat, um die Schuldenbremse einzuhalten. Dies wirkt sich bis hinunter auf die kommunale Ebene aus: »Die Kommunen fahren die Jugendarbeit gerade massiv runter. Das ist fatal. Dort, wo Jugendzentren schließen, gibt es rechte Gruppen, die das Feld besetzen«, kritisierte Christian Spatschek, Co-Vorsitzender der Deutschen Gesellschaft für Soziale Arbeit, im Frühjahr 2024.

Was im Entwurf des Demokratiefördergesetzes ebenfalls fehlte, war eine Verknüpfung mit den Förderlinien der Sozialen Arbeit. Die Soziale Arbeit ist schon heute in der Demokratieförderung aktiv, zum Beispiel über die Instrumente der Jugendverbandsarbeit aus dem achten Sozialgesetzbuch. Für Erwachsene kann die Soziale Arbeit oft hingegen keine Demokratieförderung anbieten, weil es hier an rechtlichen Kompetenzen mangelt.

Die Leipziger Autoritarismus-Studie von 2022 kommt zu dem Ergebnis, dass 81,3 Prozent der Menschen in Ost- und 72,2 Prozent der Menschen in Westdeutschland die Wahrnehmung teilen, »die Demokratie nicht ausreichend mitgestalten zu können« und keinen »Einfluss auf das Regierungsgeschehen« zu haben. In vielen gesellschaftlichen Lebensbereichen erfahren die Menschen Fremdbestimmung und werden von Entscheidungen, die sie betreffen, ausgeschlossen: von der Schule über das Arbeitsleben bis hin in die Entwicklung des eigenen Stadtteils. Tatsächlich ist die Demokratie in Deutschland in vielerlei Hinsicht »formal geblieben«, wie es Theodor W. Adorno einmal ausdrückte. Eine wirksame Demokratieförderung, sollte sie zukünftig noch einmal in Form eines Gesetzes verankert werden, muss daher demokratische Räume aufbauen, kommunale Gegenkulturen zu Ideologien der Ungleichheit und auch echte demokratische Mitwirkungsinstrumente stärken.

Verfahren: Deutscher Bundestag, Drucksache 20/5823, Entwurf eines Gesetzes zur Stärkung von Maßnahmen zur Demokratieförderung, Vielfaltgestaltung, Extremismusprävention und politischen Bildung (Demokratiefördergesetz – DFördG) vom 1.3.2023.

Literatur: Vivian Kube/Klaas Müller, Förderprogramme für die Demokratie: So schützt man die Zivilgesellschaft vor Verfassungsfeinden, Spiegel Online vom 30.3.2024.

Zwo, Eins, Risiko?

Weshalb das Compact-Verbot vor Gericht scheitern könnte – und wieso es trotzdem richtig war

von Tore Vetter

»Eine Blamage für Nancy Faeser« schrieb die Neue Zürcher Zeitung im August 2024. Die Bundesinnenministerin habe ihrem Anliegen, dem »sogenannten Kampf gegen rechts«, geschadet. Damit reiht sich das konservative Blatt in eine Reihe tadelnder bis spöttischer Kommentare darüber ein, dass das Bundesinnenministerium zunächst am 5. Juni 2024 das – laut Verfassungsschutz gesichert rechtsextreme – COMPACT-Magazin verboten hatte, um rund zwei Monate später eine vorläufige Niederlage vor Gericht zu kassieren. Juristisch genau genommen hatte das Bundesinnenministerium die Gesellschaften verboten, die das Magazin und dessen Webinhalte produzieren und herausgeben. Damit hatte es einer der einflussreichsten Publikationen des rechtsextremen Spektrums, die monatlich bis zu 40000 Leser*innen erreicht und auf mehreren Plattformen noch einmal deutlich mehr Klicks produziert, einen herben Schlag versetzt. Das Verbot war ein starkes Signal des demokratischen Rechtsstaats, den Compact-Chefredakteur Jürgen Elsässer als »Regime« bezeichnet und dessen Sturz das erklärte Ziel des Magazins ist.

Zunächst schienen die Institutionen des »Regimes« die selbst ernannten Freiheitskämpfer*innen aber zu schützen. Denn mit Beschluss vom 14. August 2024 hob das Bundesverwaltungsgericht in Leipzig das Verbot vorläufig wieder auf. Hintergrund war ein Eilantrag der COMPACT-Magazin GmbH sowie des Mehrheitsgesellschafters Jürgen Elsässer und einiger Mitarbeiter*innen. Bis das Bundesverwaltungsgericht eine abschließende Entscheidung in der Hauptsache getroffen hat – womit zu Beginn des Jahres 2025 gerechnet wird – darf das Magazin, das in der Zwischenzeit unter dem Namen »Näncy« einfach weiterveröffentlicht wurde, nun wieder erscheinen.

Das letzte Wort ist also noch nicht gesprochen. In verwaltungsgerichtlichen Eilverfahren geht es zunächst nur darum, ob das Gericht es für überwiegend wahrscheinlich hält, dass eine Klage am Ende Erfolg haben wird oder nicht. Geht es vom Erfolg der Klage aus, dann wird es die Wirkung der angegriffenen Entscheidung aussetzen, bis das abschließende Urteil gefällt ist. Grundlage der Entscheidung ist dabei immer eine sehr reduzierte Beweiswürdigung, die Richter*innen müssen oft mehr Prognosen als Feststellungen treffen.

Verfassungsfeindlichkeit allein reicht nicht aus

Im Kern ging es bei der Entscheidung über das Compact-Verbot um zwei wesentliche Punkte: Einerseits um die auf den ersten Blick eher formal scheinende, unter Jurist*innen aber sehr umstrittene Frage, ob eine Zeitschrift grundsätzlich überhaupt über das Vereinsrecht verboten werden kann. Das Bundesverwaltungsgericht bejahte dies und verwies dabei auf die Gesellschaftsstruktur um das Magazin, die sich an Elsässer als »zentraler Führungsgestalt« ausrichte. Damit führte es eine

Rechtsprechung fort, die auch in der Vergangenheit das Verbot von Zeitungen und Medienplattformen über das Vereinsrecht billigte.

Andererseits beschäftigte sich das Gericht vor allem damit, ob sich das Magazin im Sinne des Vereinsgesetzes gegen die »verfassungsmäßige Ordnung« richte und darin eine »kämpferisch-aggressive Haltung gegenüber elementaren Verfassungsgrundsätzen einnimmt«.

Für beides sah das Gericht teils gewichtige Anhaltspunkte gegeben. Es äußerte jedoch Zweifel, ob das Bundesinnenministerium beim Verbot der Zeitschrift auch die Presse- und Meinungsfreiheit der Antragsteller*innen nach Artikel 5 des Grundgesetzes genügend berücksichtigt habe. Sollte dies nicht der Fall sein, könnte ein Verbot im Einzelfall unverhältnismäßig und damit rechtswidrig sein, auch wenn das Magazin sich tatsächlich in »kämpferischer Weise« gegen die Verfassung richtet.

Wer von »Remigration« spricht, meint Deportation

Bei der Bewertung der verfassungsfeindlichen Inhalte des Magazins hat das Gericht sich von den sprachlichen Nebelkerzen des Magazins nicht blenden lassen. Die Gründe des Beschlusses zeugen sowohl von einer intensiven Auseinandersetzung mit der Rechtsprechung des Bundesverfassungsgerichts zu Vereins- und Parteiverboten, als auch von Kenntnis der Funktionsmechanismen der sogenannten Neuen Rechten. Das Bundesverwaltungsgericht bezog sich unter anderem auf die Rechtsprechung des Bundesverfassungsgerichts zum NPD-Verbot. Die Karlsruher Verfassungshüter*innen hatten erst Anfang 2024 erneut bestätigt, dass es sich bei der ebenfalls rechtsextremen NPD (die heute unter dem neuen Namen »Die Heimat« versucht, sich der verbrämten Bräune zu entledigen) gerade deshalb um eine verfassungsfeindliche Partei handelt, weil ihre rassistischen und antisemitischen Positionen die »egalitäre Menschenwürde« als Kern des Grundgesetzes angreifen.

Das Bundesverwaltungsgericht leistete nun die für deutsche Gerichte nicht selbstverständliche Transferleistung, diese Grundsätze auf die im Vergleich zu den alten Nazis subtileren Angriffe der Neuen Rechten anzuwenden. Dezidiert setzte es sich mit dem Kampfbegriff der »Remigration« auseinander, der immer wieder von einem Compact-Dauergastautor, dem österreichischen Rechtsextremen Martin Sellner, verwendet wird, um den alten Wein der menschenfeindlichen Deportationspraxis verbal in neue Schläuche zu kippen.

Es arbeitete heraus, dass mit dem Begriff der Rahmen des verfassungsrechtlich Sagbaren überschritten ist und dass hinter dem Kampfbegriff der »Remigration« eben auch jene »kämpferisch-aggressive Haltung« gegen die egalitäre Menschenwürde steht, die Voraussetzung eines Vereinsverbots ist. Wenn im *COMPACT*-Magazin von »Remigration« gesprochen werde, sei damit »über eine – schon für sich genommen gegen die Menschenwürde verstoßende – demütigende Ungleichbehandlung hinaus eine Rechtsverweigerung für einen Teil der deutschen Staatsangehörigen vorgesehen«. Den Betroffenen werde damit »anknüpfend an ihre ethnische Herkunft, an ihre Religionsausübung und letztlich auch an Gesichtspunkte wie ›Rasse‹ der soziale Achtungsanspruch aberkannt«.

Zu dem diesbezüglichen Vortrag des Compact-Magazins wurde das Gericht deutlich: »Die Erklärungsversuche, die die Antragsteller dieser Deutung ihrer Veröffentlichungen entgegensetzen, überzeugen nicht, wie die Antragsgegnerin ausführlich dargelegt hat.« Eine Blamage – für COMPACT.

Bodensatz oder Salz der braunen Suppe?

Dass das Gericht trotz dieser eindeutigen Wertung dem Magazin vorläufig recht gab und das Verbot der Zeitung aussetzte, begründete es mit dem bereits erwähnten Grundsatz der Verhältnismäßigkeit. Dieser ist ein Stützpfeiler des Rechtsstaats. Im Kern sagt er aus: Greift der Staat in Grundrechte ein, muss er Maß halten und sein Handeln auf das beschränken, was etwa zum Schutz anderer Grundrechte oder Verfassungsgüter erforderlich und angemessen ist. Diese Prüfung ist oft kleinteilig und kompliziert – sie muss es sein, auch beim Vorgehen gegen Rechtsaußen. Der Rechtsstaat zeichnet sich dadurch aus, dass er es sich eben nicht einfach macht. Hervorzuheben ist: Das Bundesverwaltungsgericht hat es sich hier offensichtlich nicht einfach gemacht – die Entscheidung ist für ein Eilverfahren ungewöhnlich ausführlich auf über 24 Seiten begründet.

Als Zeitschrift und Presseorgan kann das Magazin sich grundsätzlich auf die Meinungs- und Pressefreiheit berufen. Dies ist umso wichtiger, da das hier gewählte Instrument des Vereinsverbots, wie bereits erwähnt, eigentlich eine Norm ist, die nicht für das Presserecht geschaffen und deren Anwendung daher umstritten ist. Umso wichtiger ist die Berücksichtigung der Pressegrundrechte im Rahmen der Verhältnismäßigkeit. Diesen Gütern gegenüber steht die durch die verfassungsfeindlichen Inhalte angegriffene egalitäre Würde des Menschen. Nach Auffassung des Gerichts kam es darauf an, ob die verfassungsfeindlichen Inhalte das Magazin insgesamt so prägen, dass die Pressefreiheit zurücktreten muss oder ob die verfassungsfeindlichen Inhalte nur ein zu vernachlässigender Teil eines im Übrigen verfassungskonformen Magazins sind. Das Gericht betonte, dass es zur Beantwortung dieser Frage nicht auf eine quantitative, sondern auf eine wertende Betrachtung ankomme.

Was steckt hinter Farbfotos und Fieberwahn?

Denn wie viele Boulevardmagazine enthält COMPACT neben offen rassistischen und antisemitischen Artikeln auch Inhalte, die aus verfassungsrechtlicher Sicht zunächst unverfänglich scheinen. So preist das Magazin in der Vorweihnachtszeit 2024 zum »50 %-Adventstürchen-Preis« einen Lagerverkauf an, und zwinkert mit der »Geschenkbox Deutsches Reich« der Reichsbürger-Bubble zu. Es enthält Buchempfehlungen, etwa zu zweibändigen autobiographischen Reminiszenzen an Ostpreußen (»Präsentiert in ergreifenden Texten und sensationellen Farbfotos. Mit CD!«), in denen der Zweite Weltkrieg auf die »Sehnsucht nach der alten Heimat« und »das Schicksal der vertriebenen Deutschen« reduziert wird. In einem Beitrag wird die Familie von Donald Trump porträtiert (»Eine Familie zum Knutschen«), in einem anderen behauptet, Miley Cyrus, Britney Spears und Katy Perry würden vom US-amerikanischen Auslandsnachrichtendienst CIA ferngesteuert (diesem Thema widmete das selbst ernannte »Magazin für Souveränität« – kein Scherz – unter dem Titel »Satan, Pop und Hollywood – wie der Teufel Film und Musik erobert hat« gleich eine »Spezial-Ausgabe«).

So sehr man dies als Quatsch bezeichnen möchte, es würde der eigentlichen Leichtigkeit dieses Wortes nicht gerecht. Denn all dies dient einem ernsthaften Zweck. Einerseits helfen solche Inhalte, wie auch das Bundesverwaltungsgericht erkennt, dazu, die eindeutigen verfassungswidrigen Beiträge zu verschleiern. Andererseits fügen sie sich in das fragmentierte Weltbild der globalen Neuen Rechten ein und verstärken die rassistische und antisemitische Wirkung des Magazins, indem sie der Vernetzung mit neu-rechten Inhalten und Akteur*innen aus aller Welt dienen. Und indem sie die völkischen Weltbilder und Verschwörungsideologien stabilisieren, die den ideologischen Rahmen für die offenen rassistischen und antisemitischen Angriffe auf die egalitäre Menschenwürde bilden, die im Compact-Magazin immer wieder lanciert werden. Das Gericht wäre daher gut beraten, diese Beiträge nicht nur als weißes Rauschen um die bisher berücksichtigten Inhalte des Magazins zu betrachten, sondern in seine Wertung einzubeziehen.

Es ist daher durchaus besorgniserregend, dass das Bundesverwaltungsgericht in der Entscheidung immer wieder von einer »rechtskonservativen« Ausrichtung des Magazins spricht und so zumindest vermuten lässt, dass es den Grundkorpus der Beiträge im Magazin für verfassungsrechtlich unproblematisch hält.

Zu beachten ist aber auch, dass dem Bundesverwaltungsgericht für den Beschluss im Eilverfahren nur vereinzelte Auszüge der über das Magazin selbst hinausgehenden Print- und Online-Publikationen vorlagen und es sich für eine abschließende Bewertung ausdrücklich erst die Auswertung der bei dem Vollzug des Verbots durch die Polizei sichergestellten Erkenntnisse vorbehielt. Das Gericht gab dem Bundesinnenministerium daher nach Zustellung des vollständig abgefassten Beschlusses eine Woche Zeit, Beweise zu sichern und Kopien etwa von elektronischen Speichermedien und Unterlagen anzufertigen. Es bleibt zu hoffen, dass die Behörden diese Gelegenheit ergriffen haben und im Hauptsacheverfahren entsprechend weitere Beweise für die verfassungswidrige Prägung des Magazins – wie etwa bisher nicht berücksichtigte Artikel und interne Dokumente – vorlegen.

Der schmale Grat des »schärfsten Schwertes«

Denn eine Niederlage in der Hauptsache wäre wohl tatsächlich nicht nur für das Bundesinnenministerium blamabel, sondern eine weitere gefährliche Normalisierung rechtsextremer Positionen. Gleichwohl ist es richtig, dass das Compact-Magazin verboten wurde. Es ist richtig, weil der demokratische Teil dieser Gesellschaft in Zeiten wie diesen auch auf ein entschlossenes Vorgehen demokratischer Institutionen vertrauen muss – gegen jene, die die Würde des Menschen durch rassistische und antisemitische Hetze verächtlich machen. Die Gefahr, mit diesem Vorgehen vor Gericht zu scheitern, gehört zum Wesen des Rechtsstaats. Allein ihretwegen nicht zu handeln, wäre fatal.

Dies bedeutet nicht, dass die Exekutive einfach, gar im Zweifel rechtswidrig, verbieten und die Entscheidung dann notfalls den Gerichten überlassen darf. Die kritische Zivilgesellschaft ist wohlberaten, dem Staat bei Verboten, die zu den schärfsten Schwertern des Rechtsstaats gehören, stets auf die Finger zu schauen, wenn sie etwa benutzt werden, um auf fragwürdiger Tatsachengrundlage gegen politisch unliebsame Medienplattformen vorzugehen – ohne dass etwa wie im Fall von Compact systematische Angriffe auf die Menschenwürde im Raum stünden.

Compact aber ist ein Magazin, das die Abschaffung der gleichwertigen Würde aller Menschen anstrebt, die Beseitigung von Minderheitenrechten, die massenhafte Deportation aller, die nicht unter den eigenen Volksbegriff fallen. Ein Magazin, das jeden Monat in zehntausende Haushalte sein erklärtes Ziel trägt, den Rechtsstaat abzuschaffen. Und dessen Rechte der Rechtsstaat trotzdem wahrt– weil genau das den Rechtsstaat vom Polizeistaat unterscheidet. Diese Eigenschaft, die von seinen Feind*innen mit Schwäche verwechselt wird, macht den Rechtsstaat stark. Er kann sich wehren und lässt sich dabei von unabhängigen Gerichten kontrollieren. Wichtig ist in Zeiten wie diesen aber, gegen diejenigen, die große Teile der hier lebenden Bevölkerung verachten und verächtlich machen wollen, vorzugehen. Denn der Schutz der Würde unserer Mitmenschen ist nur so viel wert, wie der Staat zu ihrem Schutz zu geben bereit ist. Im Zweifel auch: zu riskieren.

Verfahren: Bundesverfassungsgericht, Urteil des Zweiten Senats vom 23. Januar 2024 – 2 BvB 1/19 – Ausschluss der NPD/Die Heimat von der Parteienfinanzierung; Bundesinnenministerium, Bekanntmachung eines Vereinsverbots gegen »COMPACT-Magazin GmbH« und ihre Teilorganisation »CONSPECT FILM GmbH« vom 5. Juni 2024, Bundesanzeiger – Amtlicher Teil B1 – vom 16. Juli 2024; Bundesverwaltungsgericht, Beschluss vom 14. August 2024, Az. BVerwG 6 VR 1.24.

Literatur: Paula Rhein-Fischer, Neue Beziehungen zwischen alten Bekannten: Der Einfluss von Meinungs- und Pressefreiheit auf das Vereinigungsverbot nach der BVerwG-Eilentscheidung zum Compact-Verbot, Verfassungsblog vom 21. August 2024, abrufbar unter https://verfassungsblog.de; Andreas Speit, *Compact* und Querdenken, in: ders., Verqueres Denken. Gefährliche Weltbilder in alternativen Milieus, Berlin 2021.

Wahlen, Macht und Vertrauen

Karlsruhe entscheidet, ob die Abwahl eines AfDlers vom Ausschussvorsitz rechtens ist

von Clara Bünger

Das Bundesverfassungsgericht hat am 18. September 2024 entschieden: Die AfD-Fraktion hat keinen Anspruch auf den Vorsitz in Bundestagsausschüssen. Es ging um die Abwahl des AfD-Abgeordneten Stephan Brandner als Vorsitzender des Rechtsausschusses sowie um die erfolglose Kandidatur von AfD-Mitgliedern für den Vorsitz im Innen- und Gesundheitsausschuss sowie im Ausschuss für wirtschaftliche Zusammenarbeit und Entwicklung. Eine Verletzung des Rechts der Antragstellerin, in diesem Fall der AfD-Fraktion im Deutschen Bundestag, auf Gleichbehandlung aus Artikel 38 Absatz 1 Satz 2 Grundgesetz in Verbindung mit dem Grundsatz der fairen und loyalen Auslegung der Geschäftsordnung des Deutschen Bundestags liegt nicht vor. Die Entscheidung stärkt die Autonomie des Parlaments in Fragen der Selbstorganisation und innerparlamentarischer demokratischer Verfahrensabläufe. Sie unterstreicht die Bedeutung parlamentarischer Leitungsfunktionen und zeigt auf, dass gegenseitiges Vertrauen und die Bereitschaft zur Kooperation zentrale Elemente für ein effektives und funktionsfähiges Parlament sind.

Vertrauensverlust und öffentliche Empörung: Die Abwahl von Stephan Brandner

Nachdem der AfD-Abgeordnete Stephan Brandner am 31. Januar 2018 zunächst mit 19 Ja-Stimmen, zwölf Nein-Stimmen und zwölf Enthaltungen zum Vorsitzenden des Rechtsausschusses gewählt worden war, wurde er am 13. November 2019 durch einen Abberufungsantrag der Fraktionen CDU/CSU, SPD, FDP, Die Linke und Bündnis 90/Die Grünen abgewählt. Vertreter*innen der antragstellenden Fraktionen hatten erklärt, Brandner habe weder menschlich noch politisch die notwendige Eignung für den Vorsitz im Rechtsausschuss und sei in dieser Funktion nicht tragbar. Hintergrund waren mehrere öffentliche Äußerungen von Brandner. Zunächst verbreitete er nach dem antisemitischen Anschlag vom 9. Oktober 2019 in Halle den Tweet eines anderen Accounts, dessen Inhaber fragte, warum Politiker mit Kerzen in Moscheen und Synagogen »rumlungerten«, wenn doch die Opfer des Anschlags letztlich eine »Deutsche« und ein »Bio-Deutscher« gewesen seien. Besonderes Aufsehen erregte zudem eine Bemerkung über den Musiker Udo Lindenberg, den er im Zusammenhang mit dessen Verleihung des Bundesverdienstkreuzes als Empfänger eines »Judaslohns« bezeichnete – eine Formulierung, die weithin als antisemitisch verstanden wurde. Das Verhalten Brandners rief nicht nur Empörung in der Öffentlichkeit hervor, sondern führte auch dazu, dass zahlreiche juristische Verbände, darunter der Deutsche Anwaltverein und der Deutsche Juristinnenbund, deren sachverständiger Rat regelmäßig vom Rechtsausschuss im Rahmen von Anhörungen in Anspruch genommen wird, seinen Rücktritt forderten.

Wer wählen darf, kann auch mit Nein stimmen

In der Entscheidung hatte das Bundesverfassungsgericht zu prüfen, ob das Verfahren zur Abwahl Brandners rechtmäßig gewesen sei. Seinen Prüfungsmaßstab beschränkte das Gericht dabei auf die Beurteilung der Frage, ob die Geschäftsordnungsbestimmungen oder ihre Auslegung und Anwendung »nicht evident sachwidrig und damit willkürlich« seien. Das bedeutet, das Gericht prüfte nicht, ob die Auslegung der Geschäftsordnung bzw. die Entscheidung der Parlamentarier*innen die einzig richtige gewesen sei, sondern ob die Entscheidung gegen das Gesetz verstoßen habe. Demnach setzte sich das Gericht auch nicht explizit mit der Frage auseinander, ob Brandner aufgrund seines Verhaltens als Ausschussvorsitzender geeignet gewesen sei oder nicht.

Das Bundesverfassungsgericht lehnte zunächst eine Verletzung des Rechts auf Gleichbehandlung der AfD-Fraktion ab, da die Geschäftsordnung des Bundestags und deren Anwendung nicht als evident sachwidrig oder willkürlich angesehen wurden. Das Gericht entschied, dass die Vergabe und Abwahl von Ausschussvorsitzen in die Zuständigkeit des Bundestags falle, der dabei große Freiheit habe. Der Grundsatz der Spiegelbildlichkeit, der für die proportionale Besetzung von Ausschüssen gelte, finde hier keine Anwendung, da Ausschussvorsitzende parteipolitisch neutral und nicht als Ausdruck der Fraktionszugehörigkeit betrachtet werden sollen.

Das Bundesverfassungsgericht bestätigte weiter, dass die Entscheidung über die Besetzung des Ausschussvorsitzes durch die jeweilige Ausschussmehrheit in Form von Wahlen erfolgen kann. Anders als bei der schlichten Benennung der Mitglieder der Ausschüsse, bei der die Fraktionen selbst entscheiden können, wen sie in welchen Ausschuss schicken, bestehe ein Benennungsrecht der Fraktionen für den Ausschussvorsitz nicht. Früher wurden Ausschussvorsitzende per Akklamation, also ohne formelle Abstimmung, bestimmt. Seit Beginn der 20. Legislatur im Oktober 2021 geschieht dies jedoch fast immer durch Wahlen. Das Gericht stellte klar, dass diese Praxis sich nicht gegen die AfD richte, da auch in der Vergangenheit bei Kandidat*innen anderer Parteien Wahlen durchgeführt wurden, wenn keine Einigkeit bestand. Wahlen sichern laut Gericht die Funktionsfähigkeit der Ausschüsse, da sie das Vertrauen zwischen der oder dem Vorsitzenden und der Mehrheit gewährleisten. Das Vorschlagsrecht der Fraktionen zur Besetzung des Ausschussvorsitzes steht unter dem Vorbehalt der freien Wahl der Abgeordneten. Das Bundesverfassungsgericht stärkt damit das freie Mandat und die Wahlfreiheit, so dass die Entscheidung der Abgeordneten, den Ausschussvorsitz zu wählen, ein grundlegend demokratisches Verfahren bleibt.

Auch die Abwahl eines Ausschussvorsitzenden durch die Mitglieder des Ausschusses selbst wurde durch das Gericht als zulässig erachtet. Diese Abwahl basiert auf dem Prinzip des »actus contrarius«, wonach eine Entscheidung wie die Wahl eines Vorsitzenden auch umgekehrt werden kann. Das Gericht sah keine Anhaltspunkte dafür, dass die Abwahl sachwidrig oder willkürlich erfolgt sei. Auch hier betonte es, dass die Arbeitsfähigkeit des Ausschusses gewährleistet sein müsse. Dies setzt voraus, dass der Vorsitzende das Vertrauen der Ausschussmehrheit besitzt.

Die AfD im Bundestag: Obstruktion und planvolles Vorgehen gegen die Demokratie

Die Entscheidung des Bundesverfassungsgerichts zeigt, wie bereits bei der Besetzung des Bundestagspräsidiums, dass die Vergabe und Übernahme wichtiger Ämter keinem Naturgesetz folgt. Die Abgeordneten des Bundestags haben im Rahmen der geltenden Geschäftsordnung die Freiheit, vertrauenswürdige Vertreter*innen zu wählen. Solange demokratische Mehrheiten bestehen, gibt es keinen Zwang, Personen Macht zu verleihen, die diese gegen die Demokratie einsetzen könnten. Was passiert, wenn die AfD in solche Machtpositionen kommt, konnte man im September 2024 in Thüringen beobachten, wo nur eine Eilentscheidung des Verfassungsgerichtshofs die Wahl eines neuen Landtagspräsidenten ermöglichte. Der von der AfD gestellte Alterspräsident hatte mehrfach die Rechte demokratischer Abgeordneter verletzt.

Der Fall Thüringen zeigt, wie weit die AfD zu gehen bereit ist, um der Demokratie zu schaden. Ihr Angriff auf das »System der Altparteien« ist nichts anderes als der Versuch, die Demokratie von innen heraus zu zerstören. Dabei setzt sie auf Blockade und Obstruktion parlamentarischer Prozesse, was die Funktionsfähigkeit des Parlaments bedroht. Zugleich zeigt sich ihre feindliche Haltung gegenüber dem Rechtsstaat: Während die AfD versucht, ihre vermeintlichen Rechte einzuklagen, akzeptiert sie juristische Niederlagen immer weniger. Gerichte werden zu Zielscheiben von Hass und Desinformation, um sie zu delegitimieren.

Für die demokratischen Parteien sollte dies ein Anlass sein, das Bundesverfassungsgericht besser vor Angriffen durch Rechtsextreme abzusichern. Es wird nicht das letzte Mal sein, dass sich das Gericht mit Streitigkeiten im Parlament beschäftigen muss, an denen die AfD beteiligt ist. Umso wichtiger ist es, dass die AfD keine Machtpositionen erhält, die sie zur Untergrabung demokratischer Strukturen nutzen könnte. Die AfD unterscheidet sich von anderen Parteien durch ihre destruktive Strategie, die parlamentarische Strukturen untergräbt. Sie toleriert keinen Widerspruch und reagiert auf Kritik mit Angriffen,

Beleidigungen und gezielten Störungen, um sich anschließend in einer Täter-Opfer-Umkehr als das vermeintliche Opfer zu inszenieren. Ihr Umgang mit Migrationsthemen, bei denen sie bewusst Lügen und Falschinformationen verbreitet, verdeutlicht dies besonders. Sie konstruiert Bedrohungsszenarien, um Angst und Hass zu schüren, basierend auf einer menschenfeindlichen Ideologie, die die Gleichheit und Würde aller Menschen in Frage stellt. Ihre Vorschläge beruhen nicht auf gesellschaftlichem Konsens, sondern auf politischer Selbstinszenierung und der gezielten Delegitimierung demokratischer Prinzipien.

Verfahren: BVerfG, Urteil des Zweiten Senats vom 18. September 2024 – 2 BvE 1/20; BVerfG, Entscheidung vom 22.03.2022 – 2 BvE 2/20; Beschluss des Thüringer Verfassungsgerichtshofs vom 27.09.2024, Az. VerfGH 36/24.

Literatur: Ertelt, Benedict/Müller, Lorenz: Parlamentsautonomie unter Willkürvorbehalt: Zur Entscheidung des Bundesverfassungsgerichts in Sachen Ausschussvorsitz, VerfBlog, 2024/9/21, https://verfassungsblog.de/parlamentsautonomie-unter-willkurvorbehalt/, DOI: 10.59704/6c3cc24e573bb209.

Maulkorb für die Zivilgesellschaft

Wie der Sächsische Rechnungshof die zivilgesellschaftliche Äußerungsautonomie angreift

von Jonas Deyda

Das verfassungsrechtliche Neutralitätsgebot soll den Staat daran hindern, mit seinen Geldern, Zwangsmitteln oder seiner Autorität den demokratischen Wettbewerb zwischen den Parteien zu verzerren. Er darf keine Partei bevorzugen oder benachteiligen. Wohin die politisch intendierte Ausdehnung des Neutralitätsgebots führen und wie man damit auch missliebige Vereine drangsalieren kann, lässt sich aktuell in Sachsen beobachten. Dort hat im Dezember 2023 der Sächsische Rechnungshof ein vernichtendes Sondergutachten zum Fördertopf »Integrative Maßnahmen« des Sächsischen Sozialministeriums veröffentlicht. Applaus erhält der Rechnungshof seitdem von der AfD, die gestützt durch diese Steilvorlage eiligst einen Untersuchungsausschuss »Mutmaßlich rechtswidrige Förderpraxis bei Asyl- und Integrationsmaßnahmen« im Sächsischen Landtag einsetzte. Scharfe Kritik am Vorgehen des Sächsischen Rechnungshofs kommt dagegen vom ehemaligen rheinland-pfälzischen Landesverfassungsrichter Friedhelm Hufen. Der Staatsrechtsexperte wirft dem Rechnungshof übergriffiges Vorgehen vor und stellt in einem Gutachten klar, dass staatlich geförderte Demokratiearbeit stets auf ethische Werte und Verfassungsziele gerichtet sei und deshalb weder »neutral« sein könne noch müsse.

Mit dem angegriffenen Förderprogramm unterstützte das SPD-geführte Sächsische Sozialministerium seit 2015 zivilgesellschaftliche Integrationsprojekte. Der Rechnungshof rügte neben Fehlern in den Verwaltungsabläufen sogenannte Neutralitätsverstöße der geförderten Vereine. Der Vorwurf der Rechnungsprüfer:innen lautet, die Vereine hätten »aktiv und bewusst auf die Politik und ihre Akteure Einfluss nehmen wollen«. Sie hätten es sich auch in geförderten Veranstaltungen herausgenommen, die »momentane sächsische Abschiebepraxis« oder »pauschal Behördenwillkür im Asylverfahren« zu kritisieren. Überhaupt würden sich die Vereine »nahezu ausschließlich« gegen Parteien »aus dem rechten und konservativen Spektrum« positionieren. Zudem erhebt der Sächsische Rechnungshof den Vorwurf, die Vereine hätten sich »aktiv und wiederholt (teilweise unsachlich und einseitig)« gegen »abweichende Positionen« des Innenministeriums oder des Ministerpräsidenten geäußert. Mit solchen Aussagen treibt der Rechnungshof einen Rechtsdiskurs auf die Spitze, dem zufolge die Zivilgesellschaft (partei-)politisch neutral oder im Extremfall gleich ganz und gar unpolitisch zu sein habe. Infolge des Gutachtens wurde die Förderrichtlinie verschärft. »Politische Aktivitäten« sind künftig von der Förderung ausgeschlossen.

Neutralisierung der Zivilgesellschaft

Da das Ausmaß zivilgesellschaftlicher Neutralitätsanforderungen bisher gerichtlich nicht geklärt wurde, herrscht bundesweit große Verunsicherung. Vereine wissen nicht, ob sie im Rahmen der Bildungsarbeit die AfD auch nur erwähnen oder sich an der Debatte um ein Parteiverbot beteiligen dürfen. Dieser Chilling effect entfaltet auch deshalb solch eine Kraft, da die AfD den Neutralitätsdiskurs aggressiv befeuert. AfD-Politiker*innen rufen dazu auf, Vereine wegen angeblicher Neutralitätsverstöße bei den Finanzämtern zu melden, oder setzen Meldeportale gegen AfD-kritische Lehrkräfte auf. Im Bundestag hat die AfD einen Gesetzesentwurf eingebracht, um dem Deutschen Institut für Menschenrechte wegen vermeintlicher Neutralitätsverstöße die Förderung zu entziehen. Das erklärte Ziel: die Abwicklung der unabhängigen nationalen Menschenrechtsinstitution in Deutschland. In den Landtagen stellt sie Dutzende Kleine Anfragen zur Tätigkeit einzelner Vereine oder setzt Untersuchungsausschüsse ein.

Die AfD nutzt Oppositionsrechte gekonnt, um missliebige Akteur*innen einzuschüchtern. In Sachsen zeigt sich zugespitzt, wie der Neutralitätsdiskurs von der AfD dafür politisch genutzt wird, und zwar mit den Instrumenten des Rechtsstaats – inklusive der vermeintlich neutralen Institution eines Landesrechnungshofs und des Oppositionsrechts auf Einsetzung von Untersuchungsausschüssen. Sowohl die parlamentarische Anfrage als auch der Untersuchungsausschuss dienen eigentlich zur Kontrolle der Regierung – und nicht der Zivilgesellschaft – durch das Parlament. Der Funktionswandel der Oppositionsrechte gibt einen bitteren Vorgeschmack darauf, was der Zivilgesellschaft droht, wenn die AfD die Exekutivapparate kontrolliert.

Gefüttert wurde das Neutralitätsnarrativ der AfD durch die Rechtsprechung des Bundesverfassungsgerichts. Zwischen 2014 und 2022 ergingen mehrere Entscheidungen, die sich allerdings nicht um die Zivilgesellschaft, sondern um die Regierung drehten. Parteipolitische Neutralität ist danach eine Pflicht des Staates und seiner Organe. Der Staat darf weder Werbung für

Regierungsparteien drucken, noch bestimmte Parteien bei der Finanzierung benachteiligen. In den Entscheidungen der letzten zehn Jahre hat das Bundesverfassungsgericht aber auch schon einzelne »parteiergreifende Äußerungen« von Regierungsmitgliedern gegenüber demokratiefeindlichen Oppositionsparteien als Neutralitätsverstoß gewertet, etwa die symbolische »rote Karte«, die Bildungsministerin Johanna Wanka (CDU) 2015 der AfD zeigte. Das staatliche Neutralitätsgebot steht seitdem im Rampenlicht. Sobald staatliche Mittel genutzt werden – im Fall Wanka die Ministeriumshomepage – hat strikte parteipolitische Neutralität zu gelten. Das heißt, es dürfen keine negativen Äußerungen über NPD, AfD & Co. gemacht werden. Da auch zivilgesellschaftliche Vereine staatliche Mittel, nämlich Haushaltsgelder oder von der Einkommenssteuer befreite Spenden nutzen, gehen eine Reihe von Gutachten verschiedener parlamentarischer Beratungsdienste davon aus, dass hier nichts anderes gelten könne. Die Quintessenz lautet: Um seine eigene Neutralität zu wahren, muss der Staat die Zuwendungsempfänger:innen ebenfalls auf parteipolitische Neutralität verpflichten. Diese Verpflichtung soll ebenfalls schon bei negativen Äußerungen über Parteien greifen.

Ein freiheitsfeindliches Missverständnis

Die Auffassung, dass auch die Zivilgesellschaft einem Neutralitätsgebot unterliegt, sitzt aber einem fundamentalen Missverständnis auf. Denn nicht alles, was der Staat fördert, wird automatisch zu dessen meinungslenkendem Sprachrohr. So gibt es eine ganze Reihe öffentlich-rechtlicher Körperschaften wie Universitäten, Rundfunk oder Kirchen, deren Angehörige sich im Rahmen der Freiheit der Wissenschaft, der Medien oder der

Religion unbefangen zu Parteien äußern können. Das gilt umso mehr für die Förderung zivilgesellschaftlicher Vereine. Sie sind nämlich kein Teil des Staates, sondern Grundrechtsträger:innen. Was sie sagen dürfen, ergibt sich deswegen zuallererst aus Freiheitsrechten und nicht aus staatlichen Befugnissen. Die Meinungsfreiheit ist für die Demokratie »schlechthin konstituierend«, wie es im berühmten »Lüth«-Urteil des Bundesverfassungsgerichts von 1958 heißt. Der Staat muss sie deswegen auch beachten, wenn er die Zivilgesellschaft fördert. Gerade das Neutralitätsgebot drückt das aus, indem es den freien und offenen Meinungsprozess sichert.

Dennoch unterliegt die Förderung der Zivilgesellschaft, etwa für Aufgaben der Integration, der Betroffenenberatung oder der Erinnerungsarbeit, rechtlichen Grenzen. Denn unter dem Deckmantel zivilgesellschaftlicher Förderung darf sich keinesfalls Parteienförderung vollziehen. Bei der Förderung der parteinahen Stiftungen hat das Bundesverfassungsgericht deswegen folgende Maßgaben aufgestellt: Die Stiftungen müssen erstens rechtlich und tatsächlich unabhängig von den Parteien sein. Sie müssen ihre Aufgaben zweitens »selbstständig, eigenverantwortlich und in geistiger Offenheit« ausüben. Drittens müssen wegen des Nutzens für die Mutterparteien alle dauerhaften politischen Strömungen berücksichtigt werden. Staatliche Neutralität heißt hier gleicher Zugang zur Förderung und nicht Neutralisierung der Geförderten. Während man bei den Stiftungen mit guten Argumenten an der tatsächlichen Unabhängigkeit zweifeln kann, ist der allergrößte Teil der zivilgesellschaftlichen Vereine unbestritten von den Parteien unabhängig. Daran ändert auch die partielle Überschneidung politischer Forderungen nichts.

Die Neutralitätsanforderung an die Zivilgesellschaft heißt daher Unabhängigkeit von den Parteien und Distanz zu ihrem

Wahlkampf, damit sich Förderung der Parteien und der Zivilgesellschaft nicht vermischen. Der Staat muss selbstverständlich die zweckgemäße Mittelverwendung überprüfen. Wird aber schon jede parteikritische Äußerung als Verstoß gesehen, lässt solch ein Neutralitätsverständnis von der Gewährleistung der zivilgesellschaftlichen Äußerungsautonomie nicht viel übrig. Friedhelm Hufen betont in seinem Rechtsgutachten zum Neutralitätsgebot daher, dass die Bildungsarbeit der freien Träger die Menschenwürde, die freiheitliche demokratische Grundordnung, die Grundrechte und Staatsziele wie den Schutz natürlicher Lebensgrundlagen und die europäische Einigung auch und gerade dann verteidigen darf, wenn die Gefahren von Parteien ausgehen.

Der Rechnungshof auf Abwegen

Wenn der Sächsische Rechnungshof hingegen im Namen der Neutralität sogar gegen Regierungskritik vorgeht, führt er das Verfassungsgebot vollends ad absurdum. Dabei könnte der Sächsische Rechnungshof mit seinem Sondergutachten obendrein seine Prüfungskompetenz überschritten haben. Nach der Sächsischen Haushaltsordnung hat er allein zu prüfen, ob der Freistaat seine Gelder wirtschaftlich und entsprechend des Haushaltsplans einsetzt. Professor Hufen wirft dem Rechnungshof daher vor, »dass statt der Zweckmäßigkeit der Verwendung der Mittel die Ziele und Zwecke der Politik im Mittelpunkt der Prüfung stehen«. Wäre die Situation nicht so ernst, wäre es ein echter Treppenwitz, dass der Rechnungshof genau dann über seine eigene Neutralitätspflicht gestolpert ist, als er sich zum Wächter über die Neutralität der Zivilgesellschaft aufgeschwungen hat.

Verfahren: Sächsischer Rechnungshof, Sonderbericht Richtlinie Integrative Maßnahmen (Förderbereich Teil 1).

Literatur: Friedhelm Hufen, Rechtsgutachten: Zur Bedeutung des sogenannten Neutralitätsgebots für zivilgesellschaftliche Vereine der Demokratie- und Jugendarbeit, 2024; Expertise des Rats für Migration zur Zerschlagung des Dachverbands Sächsischer Migrant_innenorganisationen auf der Grundlage des Sondergutachtens des Sächsischen Rechnungshofs.

Atempause für die Demokratie

Zum Antrag auf Überprüfung der Verfassungsmäßigkeit der AfD beim Bundesverfassungsgericht

von Marco Wanderwitz

»Was Sie betreiben, ist Machtergreifung!« Andreas Bühl, der Parlamentarische Geschäftsführer der CDU-Fraktion im Thüringer Landtag, fasste in einem Zwischenruf zusammen, welche Szenen sich bei der Konstituierung des Thüringer Landtags im September 2024 abspielten. Die AfD-Landtagsfraktion unternahm in Gestalt des Alterspräsidenten, dem AfD-Abgeordneten Jürgen Treutler, den Versuch, das verfassungsrechtlich garantierte Selbstorganisationsrecht des Parlaments zu unterlaufen und eigene Machtinteressen planvoll und bei vollständiger Kenntnis der Rechtswidrigkeit gegen die demokratische Mehrheit durchzusetzen. Dieser Angriff konnte nur durch den Thüringer Verfassungsgerichtshof gestoppt werden und hat der demokratischen Mehrheit im Land auf offener Bühne deutlich vor Augen geführt, dass die AfD den Parlamentarismus und den demokratischen Rechtsstaat und seine Institutionen missachtet, sie absichtlich verächtlich macht und deren Arbeit gezielt behindert.

Die Partei, die 2013 als populistische eurokritische Protestpartei startete, wurde binnen kurzer Zeit zu einer rechtsextremen Organisation und stellt längst eine ernsthafte Gefahr für die freiheitliche demokratische Grundordnung dar. Eine fraktionsübergreifende Gruppe von 124 Abgeordneten aus CDU, SPD, Grünen und Linken sowie dem Abgeordneten des Südschleswigschen Wählerverbands (SSW) – unter ihnen auch der Autor dieses Beitrags – hat daher im Oktober 2024 einen Antrag auf Einleitung eines Parteiverbotsverfahrens beim Bundesverfassungsgericht (BVerfG) nach Artikel 21 Absatz 2 Grundgesetz gegen die AfD durch den Deutschen Bundestag initiiert.

Nachdem zunächst die jeweiligen Bundestagsfraktionen mit dem Antrag befasst wurden, erfolgte Mitte November 2024 die förmliche Einreichung in das parlamentarische Verfahren. Als besondere Herausforderung gestaltete sich die Ankündigung von vorzeitigen Neuwahlen. Die Antragstellerinnen und Antragsteller drängten auf eine Direktabstimmung im Plenum, da eine Beratung in den Ausschüssen die Beschlussfassung in der verbleibenden 20. Wahlperiode zeitlich unmöglich gemacht hätte und der Antrag nach der Bundestagswahl aufgrund des Grundsatzes der Diskontinuität gegenstandslos wäre.

Das Parteiverbot ist die schärfste Waffe des demokratischen Rechtsstaates gegen seine organisierten Feinde. Nach den Erfahrungen des Nationalsozialismus hat das Grundgesetz einerseits die politischen Parteien in Deutschland unter besonderen Schutz gestellt, gleichzeitig aber auch klare Kriterien aufgestellt, wann Parteien gegen die Verfassung verstoßen. Das Instrument des Parteiverbotes zielt nach der Maxime »Wehret den Anfängen« darauf ab, frühzeitig die Möglichkeit zu eröffnen, gegen verfassungsfeindliche Parteien vorzugehen. Die Entscheidung darüber obliegt allein dem unabhängigen Bundesverfassungsgericht. Antragsberechtigt sind nach Paragraph 43 Absatz 2 Bundesverfassungsgerichtsgesetz (BVerfGG) Bundestag, Bundesrat oder Bundesregierung.

Maßstäbe für ein Parteiverbot

Eine Partei ist nach Artikel 21 Absatz 2 Grundgesetz verfassungswidrig, wenn sie nach ihren Zielen oder nach dem Verhalten ihrer Anhänger darauf ausgeht, die freiheitliche demokratische Grundordnung zu beeinträchtigen oder zu beseitigen oder den Bestand der Bundesrepublik Deutschland zu gefährden. Ausgangspunkt der freiheitlichen demokratischen Grundordnung ist dabei die Menschenwürde.

Entscheidend sind jedoch die wirklichen Ziele einer Partei, nicht die im Programm oder in offiziellen Erklärungen vorgegebenen. Neben den Tätigkeiten der Parteiorgane und ihrer Funktionäre können auch Äußerungen oder Handlungen einfacher Mitglieder zugerechnet werden, wenn diese in einem politischen Kontext stehen und die Partei sie gebilligt oder geduldet hat.

Erforderlich ist ferner eine aktiv kämpferische, aggressive Haltung gegenüber der freiheitlichen demokratischen Grundordnung, auf deren Abschaffung die Partei abzielt. Hierbei kommt es auf ein planvoll verfolgtes politisches Vorgehen an. Strafrechtlich relevantes Verhalten ist nicht erforderlich. Weitere Voraussetzung ist schließlich, dass konkrete Anhaltspunkte dafür bestehen, dass ein Erreichen der von der Partei verfolgten verfassungsfeindlichen Ziele nicht völlig aussichtslos erscheint (sogenannte Potentialität).

Die AfD erfüllt nach Ansicht der Antragstellerinnen und Antragsteller diese Voraussetzungen. Das Bundesamt für Verfassungsschutz stuft die AfD derzeit als »rechtsextremistischen Verdachtsfall« ein, einzelne Landesverbände werden von den Landesämtern für Verfassungsschutz in Thüringen, Sachsen und Sachsen-Anhalt als »gesichert rechtsextremistisch« bewertet. Das Oberverwaltungsgericht (OVG) für das Land Nordrhein-

Westfalen bestätigte mit seiner Entscheidung vom 13. Mai 2024, dass hinreichende tatsächliche Anhaltspunkte dafür vorliegen, dass die Funktionäre, Mandatsträger und sonstige Mitglieder der AfD Bestrebungen verfolgen, die gegen die Menschenwürde bestimmter Personengruppen sowie gegen das Demokratieprinzip gerichtet sind. Insbesondere vertritt die AfD nach Ansicht der Richterinnen und Richter einen mit der Menschenwürde unvereinbaren »ethnisch-kulturellen Volksbegriff«.

Die Unterstützung der mutmaßlichen terroristischen Vereinigung um Prinz Reuß oder der »Sächsischen Separatisten« durch Mitglieder der AfD, die investigative Recherche des Bayerischen Rundfunks zur Beschäftigung von über 100 rechtsextremen Mitarbeiterinnen und Mitarbeitern der AfD im Deutschen Bundestag mit ungehindertem Zugang zur Infrastruktur des Parlaments sowie die gezielten Versuche der Beeinträchtigung der parlamentarischen Arbeit gehören zu den vielen Beispielen, die das zunehmend planvolle und entschlossene Vorgehen der AfD belegen.

Die systematische Verächtlichmachung bestimmter Bevölkerungsgruppen, staatlicher Institutionen und unabhängiger Medien sowie die Ergebnisse investigativer journalistischer Recherchen und staatlicher Ermittlungen zeigen deutlich die fortschreitende Unterwanderung des freiheitlichen demokratischen Rechtsstaates durch die AfD.

Soweit der Antrag auf Einleitung des Verfahrens an den Deutschen Bundestag einzelne Beispiele aufführt, sind diese jedenfalls keinesfalls abschließend. Es obliegt den Verfahrensbevollmächtigten des Verbotsverfahrens beim Bundesverfassungsgericht, eine umfassende Beweissammlung zu erstellen. Anders als bei der NPD stellt das Tatbestandsmerkmal der »Potentialität« kein Problem dar. Die Partei vereint bei Wahlen einen nicht nur unerheblichen Stimmenanteil auf sich und ist im Begriff, sich in einigen Bundesländern dauerhaft als stärkste Kraft zu etablieren.

Prozessuale Besonderheiten

Ein Teilverbot einzelner Landesverbände oder der Jugendorganisation Junge Alternative für Deutschland (JA) ist möglich. Das Bundesverfassungsgerichtsgesetz verlangt jedoch in Paragraph 43 Absatz 1 eine Antragstellung gegen die Gesamtpartei. Das Verfassungsgericht kann im Rahmen seiner Entscheidung sodann nach Paragraph 46 Absatz 2 BVerfGG die Feststellung der Verfassungswidrigkeit auf einen rechtlich oder organisatorisch selbständigen Teil einer Partei beschränken.

Mangelt es an dem nach Artikel 21 Absatz 2 Grundgesetz für das Verbot erforderlichen Tatbestandsmerkmal des »darauf ausgehen«, so besteht nach Artikel 21 Absatz 3 Grundgesetz ferner die Möglichkeit, eine Partei von der staatlichen Finanzierung auszuschließen, wenn sie hingegen lediglich darauf »ausgerichtet« ist, die freiheitliche demokratische Grundordnung zu beeinträchtigen oder zu beseitigen oder den Bestand der Bundesrepublik Deutschland zu gefährden. Die Anforderungen für den Ausschluss von der staatlichen Finanzierung sind demnach weniger streng. Der Antrag der fraktionsübergreifenden Gruppe von Abgeordneten enthält daher einen entsprechenden Hilfsantrag nach Paragraph 43 Absatz 1 Satz 2 BVerfGG.

Ein rechtsstaatliches Verbotsverfahren verlangt, dass die Bundes- und Landesvorstände sowie die Vorstände von Teilorganisationen während des gesamten Verfahrens frei von etwaigen staatlichen Einflüssen sind, damit diese selbstbestimmt und damit auch zurechenbar verantwortlich handeln können (Grundsatz der strikten Staatsfreiheit). Die vom Bundesverfassungsschutz und den Landesverfassungsschutzbehörden zum Zwecke der Erfüllung ihrer nachrichtendienstlichen Aufgaben eventuell eingesetzten V-Leute sind daher rechtzeitig abzuschalten bzw. abzuziehen. Anderenfalls bestünde ein unbehebbares Verfahrenshindernis.

Nach der bisherigen Rechtsprechung muss diese Abschaltung bereits vor dem Eingang eines Antrags auf Überprüfung der Verfassungswidrigkeit beim Bundesverfassungsgericht erfolgen, spätestens mit der öffentlichen Bekanntmachung der Absicht, einen derartigen Antrag zu stellen. Die öffentliche Bekanntmachung der Absicht, einen Verbotsantrag zu stellen, erfolgt im Falle der Beantragung durch den Deutschen Bundestag in dem Zeitpunkt, in dem der eingebrachte Beschlussantrag auf Einleitung eines Parteiverbotsverfahrens durch die Mehrheit der Abgeordneten angenommen wird. Nach den verfassungsgerichtlich entwickelten Grundsätzen des Gebotes strikter Staatsfreiheit müsste die Abschaltung der V-Leute bzw. der Abzug der verdeckten Ermittler damit spätestens zu diesem Zeitpunkt vollzogen sein.

Aufgrund der Gewaltenteilung kann der Bundestag als Organ der Legislative nicht selbst entscheiden, dass die erforderlichen Maßnahmen zur Herstellung der Staatsfreiheit veranlasst werden. Diese Entscheidungen müssen von den Verfassungsschutzbehörden des Bundes und der Länder getroffen werden, welche der Exekutive zuzuordnen sind.

Die aus der Verfassung abgeleiteten Grundsätze der Organtreue und des bundesfreundlichen Verhaltens begründen jedoch eine Pflicht zur Zusammenarbeit der Exekutivbehörden mit dem Gesetzgeber. Die Verfassungsschutzbehörden sind demnach verpflichtet, unverzüglich die Voraussetzungen für die ordnungsgemäße Durchführung des Verbotsverfahrens zu ermöglichen.

Die problematische zeitliche Diskrepanz zwischen Zustimmung zum Beschlussantrag und der erforderlichen Abschaltung der staatlichen Quellen ist dahingehend zu begegnen, dass das Verfahren erst dann betrieben wird, wenn die Bundesregierung und die Landesregierungen dem Deutschen Bundestag den Eintritt des Zustands der strikten Staatsfreiheit versichert haben. Erfolgt eine solche Versicherung nicht, wird (soweit nicht das ausdrückliche Gegenteil mitgeteilt wird) davon ausgegangen, dass binnen einer Frist von zwei Monaten nach der Beschlussfassung die Abschaltung von V-Leuten bzw. der Abzug von verdeckten Ermittlern realisiert wurde. Sodann kann mit der Antragstellung und dem Verfahren vor dem Bundesverfassungsgericht begonnen werden.

Politisch kann die AfD nicht gestellt werden

Kommt das Bundesverfassungsgericht nach umfassender Prüfung und Beweisaufnahme zu dem Ergebnis, dass die AfD verfassungswidrig ist, spricht es nach Paragraph 46 Absatz 3 BVerfGG die Auflösung der Partei sowie das Verbot, eine Ersatzorganisation zu schaffen, aus. Das Vermögen der Partei wird eingezogen. Nach Paragraph 46 Absatz 2 BVerfGG kann sich diese Entscheidung auch nur auf einem organisatorisch selbständigen Teil der Partei, etwa einzelne Landesverbände oder die JA, beziehen.

Mit dem Verbot verliert die Partei alle ihre zu diesem Zeitpunkt gehaltenen Mandate. Gleichzeitig enden die Beschäftigungsverhältnisse von Tausenden von Mitarbeitenden dieser Mandatsträgerinnen und -träger, welche derzeit tagtäglich mit Steuergeld alimentiert systematisch durch Fake-News und Propaganda an der Zersetzung der freiheitlichen Demokratie mitwirken.

Freilich beseitigt ein Verbot nicht die menschenfeindliche

Ideologie. Auch der Aufbau neuer extremistischer Gruppen kann nicht gänzlich ausgeschlossen werden. Dennoch gewährt es der Demokratie eine Atempause von permanenter rechtsextremer Indoktrination und ermöglicht es der demokratischen Mehrheit des Landes wieder erfolgreich auf Bevölkerungsgruppen zuzugehen, die derzeit nicht erreichbar sind.

Politisch kann die AfD leider nicht gestellt werden. Der faire demokratische Wettbewerb ist nur dann möglich, wenn er auf der Grundlage der freiheitlichen demokratischen Grundordnung erfolgt. Die AfD hat den Verfassungsbogen längst verlassen, was zu einer asymmetrischen Situation führt.

Im Lichte der deutschen Geschichte gebietet es die Verantwortung des Deutschen Bundestages für unsere freiheitliche Demokratie, die rechtliche Überprüfung der AfD durch das unabhängige Bundesverfassungsgericht zu ermöglichen. Wir sind als Antragstellerinnen und Antragssteller überzeugt, dass es höchste Zeit ist.

Verfahren: BVerfG, Beschluss vom 18. März 2003–2 BvB 1/01 –,BVerfGE 107, 339; BVerfG, Urteil vom 17. Januar 2017–2 BvB 1/13 –, BVerfGE 144, 20; BVerfG, Urteil vom 23. Januar 2024–2 BvB 1/19; OVG für das Land Nordrhein-Westfalen, Urteil vom 13. Mai 2024–5 A 1218/22.

Literatur: Zum Antragstext und FAQ der Antragstellerinnen und Antragsteller: www.afd-prüfen.de; Hendrik Cremer, Warum die AfD verboten werden könnte. Empfehlungen an Staat und Politik, Berlin 2023; Michael Kraske/Dirk Laabs, Angriff auf Deutschland Die schleichende Machtergreifung der AfD, München 2024.

RASSISMUS

Nicht die Messer sind das Problem …

Warum Abschieben die falsche Antwort auf richtige Fragen ist

von Özge İnan

Es ist ein Freitagmorgen Ende August 2024. An den deutschen Flughäfen neigt sich die Hochsaison dem Ende zu. Doch in der Maschine, die kurz vor sieben Uhr in Leipzig abhebt, sitzen keine Späturlauber. Es sind 28 Straftäter afghanischer Herkunft, und sie haben einen One-Way-Flug nach Kabul vor sich.

Deutschland schiebt zum ersten Mal Menschen nach Afghanistan ab, seit die radikalislamischen Taliban 2021 die Herrschaft übernommen haben. Eine Woche vorher hatte der 26-jährige Syrer Issa Al H. bei einem Messeranschlag in Solingen drei Menschen getötet und acht weitere verletzt, vier davon lebensgefährlich. Schnell übernahm die Terrormiliz Islamischer Staat (IS) die Verantwortung, dann stellte sich heraus, dass Issa Al H. im Rahmen des EU-Dublinverfahrens eigentlich nach Bulgarien hätte überstellt werden sollen.

Gibt es einen Zusammenhang zwischen der Messerattacke und (misslungenen) Abschiebungen? Schließlich hat der Anschlag die ohnehin aufgeheizte Asyldebatte vollends überkochen lassen. Um die Rufe nach Konsequenzen entspann sich ein Überbietungswettbewerb seitens der Parteien, von Messerverboten über anlasslose Polizei- und Grenzkontrollen bis zum völligen Aufnahmestopp aller Geflüchteten. CDU-Chef Friedrich Merz brachte es auf den Punkt: »Nicht die Messer sind das Problem, sondern die Personen, die damit herumlaufen.« War die Sammelabschiebung eine Konsequenz daraus? Die Behörden winken ab, Kanzleramt und Bundesinnenministerium hätten die Aktion seit etwa zwei Monaten geplant. Was war zwei Monate zuvor geschehen?

Ein Viersternehotel unweit des Schlossparks Sanssouci in Potsdam, Ende Juni. Die Innenministerinnen und Innenminister der Länder treten zu ihrer halbjährlichen Konferenz zusammen, Bundesinnenministerin Nancy Faeser ist als Gast dabei. Und wird von ihren Landeskolleginnen und -kollegen ziemlich offen kritisiert. Die Konferenz »bekräftigt ihre Erwartung«, heißt es später im Beschluss, Abschiebungen afghanischer und syrischer Staatsangehöriger zu ermöglichen und dafür »alle rechtlichen und tatsächlichen Möglichkeiten vollständig auszuschöpfen«. Faeser lässt Taten folgen, zwei Monate später hebt in Leipzig das Flugzeug ab. Dass in der Zwischenzeit ein islamistischer Anschlag die Akzeptanz in der Bevölkerung zum Selbstläufer machen würde, konnte im Potsdamer Tagungshotel niemand ahnen.

Straftäter und sogenannte Gefährder – in Berichten und Meinungsbeiträgen, Konferenzbeschlüssen und Gesetzesbegründungen sind die Begriffe oft ganz natürlich verpartnert. Selbstverständlich gibt es Überschneidungen. Schließlich begehen gewaltbereite Islamisten irgendwann zwangsläufig Straftaten, wenn sie ihren unheiligen Krieg in die Tat umsetzen, andere dazu anstiften oder Propaganda verbreiten. Trotzdem lohnt es sich, beide Gruppen getrennt zu betrachten. Denn ihre Abschiebungen sind aus unterschiedlichen Gründen falsch.

Abschiebung als Strafmaßnahme: Ist der Ausländer kriminell…

Die Frage, warum Menschen kriminell werden, ist so komplex, dass man buchstäblich eine Wissenschaft daraus gemacht hat, die Kriminologie. Ihre fragwürdigen Anfänge beim geborenen Verbrecher, den man am Schädelumfang erkennt, hat diese besondere Disziplin glücklicherweise hinter sich gelassen. Veranlagung zum abweichenden Verhalten wird heute nur noch im psychischen Sinne verstanden, zum Beispiel in Form mangelnder Selbstkontrolle. Zudem ist eine Vielzahl an Umweltfaktoren anerkannt, die Kriminalität begünstigen. Dazu gehören etwa eine Sozialisierung hin zu abweichenden Wertvorstellungen, Gelegenheitsstrukturen, die Straftaten lohnenswert erscheinen lassen oder auch zu wenig Autonomie in anderen Lebensbereichen. Die meisten dieser sogenannten kriminogenen Faktoren sind keineswegs beschränkt auf bestimmte Milieus, sie können überall auftauchen. Gemeinsam mit seinen Studierenden verfasste der Kriminologieprofessor Frank Neubacher zehn Gebote für angehende Kriminologinnen und Kriminologen – für alle anderen sind sie mindestens genauso lehrreich. An zehnter Stelle steht dort: »Du sollst nicht denken, dass Du selbst nicht kriminell werden könntest.«

Die Erkenntnis, dass ein Straftäter ein normaler Mensch ist, provoziert, weil sie einen zentralen Glaubenssatz der regelbasierten Gesellschaft ins Wanken bringt: Wir sind gut. Das Kriminelle ist außerhalb. Es hat einen festen Platz, schwelend im Problemviertel der Großstadt, bestenfalls eingesperrt hinter Gefängnismauern. Kommt es uns zu nah, in Gestalt von dubiosen Bars etwa oder Betrugsmaschen im Internet, im Park herumliegenden Spritzen oder am Bahnhof lungernden Typen, können wir uns wehren. Die Polizei kann die Bars durchsuchen und die

Typen festnehmen, die Stadt die Spritzen einsammeln, die Justiz die Netzbetrüger verfolgen. Wir haben das Recht auf unserer Seite.

Der ausländische Straftäter ist insofern der ideale Kriminelle. Er ist doppelt außen vor, denn er hat ohnehin einen zugewiesenen Platz, nämlich das Ausland. Die Strafabschiebung dorthin ist die logische letzte Folge in einer Kette der Externalisierung. Weil wir den Ausländer, im Gegensatz zum deutschen Kriminellen, aus unserer Mitte verbannen können, können wir die Ursachen seiner Kriminalität getrost ignorieren. Rückfälle können uns egal sein, weil sie woanders stattfinden, *Germany First.* Gerichtspsychologinnen und Sozialarbeiterinnen und -arbeiter können ihre Einschätzungen in den Wind schreiben. Mit dem abgeschobenen Straftäter scheint alles, was Kriminalitätsbekämpfung mühsam und kompliziert und unangenehm macht, auf Nimmerwiedersehen davonzufliegen. Dass das eine Illusion ist, die kriminogenen Umstände hier bleiben und hier weiter wirken, versteht sich von selbst.

Was damals Hetze war, ist heute Realpolitik

Wer im Übrigen glaubt, all das habe nichts mit Ressentiments zu tun, schließe die Augen und stelle sich einen beliebigen ausländischen Straftäter bildlich vor. Und? Hatte irgendjemand einen niederländischen Touristen vor Augen, der in einem Hamburger Bordell eine sexuelle Nötigung begeht? Wer dachte an den chinesischen Geschäftsmann, der in den deutschen Standort eines Geldwäscherings verwickelt ist? Wer an den Silicon-Valley-Unternehmer, der hier Steuern hinterzieht? Sicher, alle nicht so präsent wie die syrischen Messerstecher und die nordafrikanischen Drogendealer. Kriminologe Frank Neubacher und seine

Studierenden schreiben im sechsten ihrer Gebote: »Massenmedien und Kriminalpolitik verfolgen eigene Interessen. Ihre Kriminalitätsdarstellungen sollst Du nicht für die Realität halten.«

Vor nicht allzu langer Zeit wussten wir das noch. Die Nationaldemokratische Partei Deutschlands (NPD), heute Die Heimat, war bis vor etwa zehn Jahren eine relevante Kraft innerhalb der deutschen Rechten. Das Nachrichtenmagazin Der Spiegel porträtierte 2013 den damaligen Berliner Landeschef Sebastian Schmidtke. Über Kundgebungen, die Schmidtke vor Geflüchtetenunterkünften organisierte, heißt es dort: »Und so hetzen er und seine Leute mit der immer gleichen unsäglichen Rhetorik gegen die Flüchtlinge. ›Ist der Ali kriminell, in die Heimat, aber schnell‹ oder ›Schluss mit der Asylflut‹ lauten die Sprüche.« Die Forderung, kriminelle Ausländer flächendeckend abzuschieben, war damals problemlos als Hetze zu identifizieren. Heute nennt man das Realpolitik.

Islamisten raus! Mit freundlicher Unterstützung der Taliban

Als diese Realpolitik Ende August 2024 am Flughafen von Kabul landete, fragten sich in Deutschland viele, wie dies angesichts der Weigerung der Bundesregierung, mit den Taliban zu verhandeln, möglich sei. Entwarnung: Nicht mit der afghanischen Terrormiliz hatte man gesprochen, sondern mit Katar als Mittler. Die Rede ist von dem Staat, in dem queere Muslime hingerichtet werden können und in dem durch moderne Sklaverei rund 6500 Menschen beim Bau der Stadien für die Fußball-Weltmeisterschaft 2022 ums Leben gekommen sind.

Davon völlig unabhängig sind die Taliban selbstverständlich Verhandlungspartner, wenn es darum geht, ein Flugzeug auf von ihnen kontrolliertem Boden zu landen und 28 Menschen, die de facto ihre Staatsbürger sind, an ihre Sicherheitskräfte zu übergeben. Ob der Briefträger nun Dänemark oder China oder eben Katar heißt, spielt vielleicht für das gegenseitige Vertrauen eine Rolle, ändert aber sicherlich nichts am Adressaten. Die Realpolitik, über die so oft die Rede ist, meint: Deutschland legitimiert und stärkt Islamisten mit Macht, um Islamisten ohne Macht des Landes zu verweisen, was am Ende den Islamismus schwächen soll. Dass an Bord des Abschiebefliegers kein einziger deutscher Polizist saß, um unangenehme Bilder zu vermeiden, ist der tragikomische Abschluss dieses Theaters.

Der Islamismus ist eine der gefährlichsten Ideologien unserer Zeit. Islamisten betrachten Frauen als privates und Kinder als öffentliches Eigentum, sie verachten die Wissenschaften und die Demokratie, die Debatte und die Vielfalt. Kurzum: Weil ihre Ideologie um das Jenseits kreist, hassen sie das Leben. Nichts daran ist nachvollziehbar, nichts daran ist verzeihlich.

Soziale Prävention statt Abschiebung

All das muss gesagt werden, weil das, was nun folgt, sonst mit Eifer missverstanden wird. Der Islamismus gehört, unglücklicherweise, zu Deutschland. Denn er gehört zur Menschheit. Ebenso wie Rassismus, christlicher Fundamentalismus, Queerfeindlichkeit, Antisemitismus und die vielen anderen Ausprägungen des Hasses, die unsere Gesellschaften durchziehen. Diese Erkenntnis kann Kapitulation sein oder Kampfansage. Wir können den Hasserfüllten glauben, wenn sie uns erzählen, dass wir nicht zusammenleben können, dass Dialog zwecklos ist und Feindschaft unser Schicksal. Oder wir können unsere eigene Geschichte schreiben. Die Geschichte eines Landes, das in Zusammenhalt investiert, Deradikalisierung und soziale Arbeit, Nachbarschaft und Begegnung fördert.

Für diese Investitionen einzustehen, lohnt sich. Geplante Haushaltskürzungen für politische Bildungsprojekte wurden im vergangenen Jahr nach heftiger Kritik wieder zurückgenommen. Doch die Probleme sind längst nicht gelöst. Laut einer internen Umfrage der Sozialverbände vom Juni 2024 rechnen mehr als drei Viertel der befragten Einrichtungen damit, 2025 ihre Angebote wegen Finanzierungsproblemen reduzieren oder einstellen zu müssen. Soziale Teilhabe ist Extremismusprävention, und die kostet Geld. Ihr Unterlassen kostet Leben.

»Wo kommen Sie wirklich her?«

Gericht verurteilt Berliner Polizei wegen Alltagsrassismus

von Doris Liebscher

Ein junger Mann fährt im Juli 2020 mit einer Freundin in Berlin Fahrrad. Die Radfahrer*innen haben Migrationsgeschichte. Zwei Polizisten stoppen die beiden, der Vorwurf: Er habe beim Fahren telefoniert. Beide bestreiten das, er hatte vielmehr beim Anhalten an der Ampel ein Brillenetui in der Hand. Das Verhalten der Polizei beschreiben beide Radfahrer*innen später vor Gericht als »unfreundlich, rabiat, aggressiv, herabwürdigend, furchteinflößend, bedrohlich und übergriffig«. Passant*innen, die stehen bleiben, werden von den Polizisten weggeschickt. Ein älterer Mann gibt dem Radfahrer sogar seine Adresse, er fühlt sich durch das Verhalten des einen Polizisten »an die Nazizeit erinnert«. Das gibt er später als Zeuge dem Antidiskriminierungsnetzwerk Berlin und der Ombudsstelle für das Berliner Landesantidiskriminierungsgesetz (LADG) zu Protokoll. Dort hatte sich der Radfahrer nach der Kontrolle beschwert – weil er sich rassistisch behandelt sah und weil die Beamten ein Ordnungsgeld von 55 Euro verhängt hatten. Er habe seither Angst, wenn er Polizist*innen auf der Straße sehe, schildert er der Ombudsstelle die Nachwirkungen des Geschehens. Das Bußgeld musste er nach einem ausführlich begründeten Einspruch und der Beschwerde der Ombudsstelle schließlich nicht zahlen, an seiner LADG-Beschwerde hielt er weiter fest. Es geht ihm – wie vielen Menschen, die sich bei Antidiskriminierungsstellen beschweren – um eine Entschuldigung der Polizei für das zugefügte Unrecht und darum, dass so etwas anderen Menschen nicht auch passiert.

Im Juli 2020 ist das bundesweit bisher einzige Landesantidiskriminierungsgesetz, das Berliner Behörden die Diskriminierung von Menschen, etwa aufgrund rassistischer Zuschreibungen, verbietet, gerade erst ein paar Wochen in Kraft. Fast vier Jahre später fällt das Amtsgericht Berlin-Mitte ein Urteil: Die Art und Weise der Kontrolle habe gegen das LADG verstoßen, deshalb muss das Land Berlin nach Paragraph 8 des LADG dem Betroffenen eine Entschädigung in Höhe von 750 Euro zahlen.

Indizien für rassistische Diskriminierung

Die Richterin stützte ihre Entscheidung auf die Vermutungsregel des Paragraph 7 des LADG. Konkret verlangt das Gesetz die Glaubhaftmachung von Tatsachen, die einen Verstoß gegen das Diskriminierungsverbot »überwiegend wahrscheinlich machen«. Das bedeutet: Im konkreten Fall müssen Indizien für eine Diskriminierung vorliegen. Gelingt dieser Nachweis, muss die Gegenseite, hier die Polizei, zur vollen Überzeugung des Gerichts beweisen, dass keine Diskriminierung stattgefunden hat.

Der einfache Hinweis auf einen nicht typisch deutsch eingeordneten Phänotyp, Namen oder Akzent einer kontrollierten Person reicht für das Auslösen dieser Beweiserleichterung für Betroffene nicht aus. Das ist ein Grund, warum es, trotz LADG, kaum Klagen gegen Racial Profiling gibt. Der Nachweis, dass eine Kontrollentscheidung von einer rassistischen Zuschreibung mitmotiviert ist, bleibt in der Praxis sehr schwierig. In allen bisher erfolgreichen Gerichtsverfahren hatten Polizeibeamte zugegeben, dass ein nicht typisch deutsch gelesener Phänotyp (»die Hautfarbe«) zumindest mitursächlich für die Kontrolle war. Das war vorliegend nicht der Fall. »Allein der Umstand, dass der Kläger einen sichtbaren Migrationshintergrund hat und als einziger angesprochen wurde, genügt nicht für die Glaubhaftmachung des notwendigen Zusammenhangs«, urteilte das Amtsgericht Berlin-Mitte, denn es sei nicht auszuschließen gewesen, dass die Polizisten das Brillenetui schlicht mit einem Handy verwechselt hätten. Letzteres stimmt, überzeugt aber nicht, auch weil es hier ein weiteres und starkes Indiz gab. Während der Kläger kontrolliert wurde, hatten die Beamten den blonden, deutschstämmig aussehenden Fahrer eines im Halteverbot parkenden PKW freundlich und ganz ohne Einleitung von Maßnahmen aufgefordert, weiterzufahren. Damit hätte die Beweislasterleichterung greifen und die Polizei den Vollbeweis erbringen müssen, dass sie keine rassistisch mitmotivierte Auswahlentscheidung traf.

Auch wenn die Richterin vorliegend nicht von einem Racial Profiling, also nicht von einer diskriminierenden Entscheidung, überhaupt zu kontrollieren, ausging, beurteilte sie die Art und Weise der Durchführung der Kontrolle und die Entscheidung, ein Verwarnungsgeld zu verhängen, als unmittelbare Diskriminierung und als entwürdigende Belästigung aufgrund einer rassistischen Zuschreibung im Sinne des Paragraphen 4 Absatz 1 und 3 LADG. Dabei stellte sie insbesondere darauf ab, dass der Polizist, als er die Daten des Betroffenen aufnahm, diesen fragte, was er hier in Berlin mache und wo er herkomme. So weit, so zunächst zulässig – die Angabe des Wohn- und Geburtsortes dürfen Polizist*innen im Namen einer Verkehrskontrolle überprüfen. Als der Betroffene erwiderte, er komme aus Marburg und sei in Berlin bei seinem Bruder zu Besuch, insistierte der Polizist jedoch und verlangte zu wissen, wo der Kontrollierte »eigentlich« herkomme, worauf der Betroffene erwiderte, er sei in Bochum geboren. Dieser von seiner Begleiterin bezeugte Gesprächsverlauf machte es in den Augen des Gerichts im Sinne des Paragraphen 7 LADG überwiegend wahrscheinlich, dass die Nachfrage nur erfolgte, weil der Polizist davon ausging, dass »Marburg« als Antwort auf die Frage, wo der Kläger herkomme, unwahr oder jedenfalls unzureichend sei und somit »der Umgang der Beamten mit dem Kläger maßgeblich von rassistischen Zuschreibungen geprägt war«. Denn »eine andere Person ohne Migrationshintergrund hätte in einer vergleichbaren Situation eine günstigere Behandlung erfahren, in dem sie nicht gefragt worden wäre, wo sie ›wirklich‹ herkomme.« Das sind erfreulich deutliche Worte eines Gerichts gegen Alltagsrassismus.

Der lange Weg zum Recht

Vorausgegangen war dem Urteil jedoch ein langes Hin und Her. »Berliner Polizei gesteht erstmals Racial Profiling ein«, so hatte bereits im September 2021 der *Tagesspiegel* getitelt. Die LADG-Ombudsstelle, die auf die Beschwerde des Betroffenen hin ein außergerichtliches Schlichtungsverfahren nach § 14 LADG eingeleitet, Akteneinsicht genommen und Zeug*innen gehört hatte, hatte eine Entschuldigung der Polizisten empfohlen. Die Ombudsstelle kam schon 2021 zu dem Schluss, dass eine rassistische Diskriminierung vorlag, und hatte gegenüber der Polizei eine Beanstandung ausgesprochen. In ihrer Antwort an die Ombudsstelle erkennt die Polizei an, dass die Kontrolle »diskriminierend gewirkt hat«, die beiden Beamten wären über die Entschuldigung informiert und für eine »diskriminierungsfreie

Gesprächsführung« sensibilisiert worden. Die tatsächliche Entschuldigung an den Beschwerdeführer liest sich indes nur wie eine halbe Entschuldigung. Das sah auch das Amtsgericht drei Jahre später so: Die Entschuldigungsformulierung habe »den Eindruck erweckt, das Verhalten habe lediglich diskriminierend gewirkt, und zwar allein in der Wahrnehmung des Klägers. Mit anderen Worten sei er verantwortlich dafür, dass er sich diskriminiert gefühlt habe.« Dem Kläger reichte diese Entschuldigung nicht aus, im November 2021 verlangte er 2000 Euro Entschädigung von der Polizei Berlin. Die Behörde bot ihm daraufhin 100 Euro an, in seinen Augen ein Affront. Ein Affront stellt eine derart niedrige Summe auch aus rechtlicher Sicht dar, denn Sinn und Zweck einer Entschädigung ist einerseits ein angemessener Ausgleich für die diskriminierende Behandlung, andererseits soll damit auch eine abschreckende und also präventive Wirkung erreicht werden. Nun landete der Fall vor Gericht. Zunächst stellte der Kläger dazu bei der Staatshaftungskammer des Berliner Landgerichts einen Antrag auf Prozesskostenhilfe. Das Landgericht wies den Antrag zurück, die Klage habe keine Aussicht auf Erfolg, es gehe offensichtlich nicht um Diskriminierung, sondern um eine rein subjektive Wahrnehmung des Klägers. Daraufhin beschwerte sich die Anwältin des Klägers beim Berliner Kammergericht über die Ablehnung der Prozesskostenhilfe. Das Kammergericht befand schließlich: Indizien für eine Diskriminierung lägen eindeutig vor. Das wieder mit der Sache befasste Landgericht erklärte sich daraufhin für unzuständig und verwies den Fall im September 2023 an das Amtsgericht Berlin-Mitte. In der mündlichen Verhandlung, die dann im Frühjahr 2024 stattfand, entschuldigte sich die Richterin bei dem Kläger für die lange Verfahrensdauer. Sie war auch verwundert, als die Vertreter*innen der Polizei plötzlich alles bestritten, was sie noch im Verfahren vor der Ombudsstelle zugestanden hatten. Die Frage nach der wirklichen Herkunft sei nie gestellt worden, der Kläger sei aggressiv und uneinsichtig aufgetreten – eine Täter-Opfer-Umkehr, die Betroffene von Diskriminierung vor Gericht oft erleben. Letztlich schenkte das Gericht dem Kläger und seiner Begleiterin hier Glauben – ein antidiskriminierungsrechtlicher Erfolg. Trotzdem verdeutlicht der Fall, welche zeitlichen und auch finanziellen Ressourcen Betroffene für einen Gerichtsprozess aufwenden müssen. Das ist ein weiterer Grund für die geringe Anzahl gerichtlicher Verfahren gegen rassistische Diskriminierung in Deutschland.

Wie viel kostet Diskriminierung?

Auch angesichts niedriger Entschädigungszahlungen stellt sich die Frage, ob sich Klagen gegen Diskriminierung für Betroffene lohnen. »Rassistische Diskriminierung kann teuer werden«, schrieb die *Legal Tribune Online* nach dem Urteil. Das stimmt so leider nicht ganz. 750 Euro sprach das Gericht dem Kläger zu. Angesichts der europarechtlich determinierten Kriterien für die Entschädigungshöhe ist das zu niedrig. Das ist bedauerlich, weil das Gericht diese Kriterien im Urteil sehr ausführlich darstellt, im Ergebnis aber nicht konsequent anwendet. Sanktionen gegen Diskriminierung müssen danach »wirksam, verhältnismäßig und abschreckend sein«. Die Härte der Sanktionen muss »der Schwere der mit ihnen geahndeten Verstöße entsprechen, indem sie insbesondere eine wirklich abschreckende Wirkung gewährleisten, zugleich aber den allgemeinen Grundsatz der Verhältnismäßigkeit wahren«, heißt es da unter Verweis auf die Rechtsprechung des Europäischen Gerichtshofs und deutscher Gerichte zum Allgemeinen Gleichbehandlungsgesetz (AGG). Mit Blick auf das Wiedergutmachungsinteresse der betroffenen

Person seien dabei »die Art und Schwere der Benachteiligung, ihre Dauer und Folgen, der Anlass und der Beweggrund des Handelns, der Grad der Verantwortlichkeit des Benachteiligenden, etwa geleistete Wiedergutmachung oder erhaltene Genugtuung und Vorliegen eines Wiederholungsfalls zu berücksichtigen«. Als erschwerend berücksichtigte das Amtsgericht, dass die Maßnahme der Polizei in der Öffentlichkeit stattfand, was die »herabwürdigende Wirkung des Umgangs mit dem Kläger« verstärkte. Zudem sei »das Vertrauen des Klägers in die Rechtmäßigkeit staatlichen Handelns durch das Verhalten der Beamten nachhaltig erschüttert« worden und er habe keine glaubwürdige Entschuldigung erhalten. Ebenfalls erschwerend wirke sich aus, »dass die Beamten nach Art. 20 Abs. 3 Grundgesetz an die verfassungsmäßige Ordnung und insbesondere an Art. 3 Abs. 3 Grundgesetz gebunden sind«. Insofern müsse die Höhe geeignet sein, »vor dem Hintergrund der übertragenen Verantwortung eine abschreckende Wirkung zu erzielen«. Eine Entschädigung von 750 Euro ist angesichts dieser Kriterien viel zu niedrig. Die in der Tatbestandsbewertung erfreuliche Entscheidung krankt damit – wie schon eine vergleichbare Entscheidung wegen rassistischer Diskriminierung durch die Berliner Verkehrsbetriebe aus dem Jahr 2023, in der die BVG 1000 Euro Entschädigung zahlen musste – an den Rechtsfolgen. Damit sich Diskriminierung nicht mehr lohnt, muss mehr passieren.

Verfahren: Amtsgericht Berlin-Mitte, Urteil vom 15.04.2024, Aktenzeichen 21 C 252/23; EuGH, Urteil vom 15.04.2021, Aktenzeichen C-30/19, ECLI:EU:C:2021:269; Landgericht Wuppertal, Urteil vom 29.12.2022, Aktenzeichen 40373/21.

Literatur: Maryam Kamil Abdulsalam: Land Berlin wegen Rassismus verurteilt, Legal Tribune Online, 16.05.2024; Julius Betschka/Farangies Ghafoor: Berliner Polizei gesteht erstmals Racial Profiling ein, Tagesspiegel, 24.09.2021; Doris Liebscher: »Weil wird dich lieben«, in: Recht gegen Rechts, Report 2024, Frankfurt am Main 2024, S. 137–144; Antwort auf schriftliche Anfrage an das Abgeordnetenhaus Berlin vom 22. April 2024 (Drs. 19/18745), LADG-Ombudsstelle – Beschwerden bis März 2024.

Einem »rechten Richter« ausgeliefert?

Personen und Strukturen verhindern Rechtsschutz im Asylprozess

von John Philipp Thurn

Bengt Fuchs ist Richter und Vizepräsident des Verwaltungsgerichts (VG) in Gera. Er entscheidet darüber, ob Menschen in Deutschland Asyl bekommen oder ob ein anderes europäisches Land für ihr Asylverfahren zuständig ist. Im Juni 2024 veröffentlichte die Autonome Antifa Freiburg Indizien dafür, dass Fuchs sich in Internetforen menschenfeindlich geäußert habe: Seit 2007 habe er sich rege und mit Bezügen auf sein Richteramt an dem Forum »Tradition mit Zukunft (TraMiZu)« für ca. 15000 Mitglieder von Studentenverbindungen (»Korporierte«) beteiligt, ab 2011 dann an mehreren geschlossenen »TraMiZu«-Gruppen bei Facebook. Dabei soll Fuchs unter anderem geschrieben haben, seine Idee für schnellere Abschiebungen, »die Typen im Überflug mit ner Transall über ihrer Heimat mit nem Fallschirm abwerfen zu lassen, wird von Mitarbeitern in Ausländerbehörden zwar begrüßt, dürfte aber an Voßkuhle und Consorten scheitern«. Klaus Wowereit habe er dort »Po-bereit« genannt, Sinti und Roma »Rotationseuropäer mit Eigentumszuordnungsschwäche«.

Fuchs selbst bestreitet zwar, solch »vulgären Äußerungen« getätigt zu haben oder diese Ansichten zu vertreten. Legal Tribune Online (LTO), der Mitteldeutsche Rundfunk (MDR) und andere Medien hielten die Antifa-Informationen aber für belastbar. Sie berichteten zudem über freundschaftliche Kontakte von Fuchs und seinem Kollegen Bernd Amelung, Mediensprecher des VG Gera, zum örtlichen AfD-Landtagsabgeordneten Dieter Laudenbach.

Seit einigen Jahren kritisieren Rechtsanwält:innen und zivilgesellschaftliche Organisationen die zuwanderungskritische Einstellung einiger Verwaltungsrichter in Gera (zu einem vergleichbaren Fall in Gießen schon *Dana Schmalz* im Report 2020, S. 149ff.). Es gebe dort kaum Chancen für Asylbewerber:innen aus Afrika. 2023 belegte die Antwort der Bundesregierung auf eine Anfrage von Clara Bünger und weiteren Linken-Abgeordneten zur Asylstatistik, dass die Klagen von Personen aus Herkunftsländern wie Eritrea und Nigeria am VG Gera deutlich seltener erfolgreich sind als im Bundesschnitt. Auch bei Entscheidungen im Dublin-Verfahren darüber, ob Asylverfahren in Italien durchgeführt werden müssen, obwohl dort erhebliche Mängel in der Versorgung von Flüchtlingen bekannt sind, hatten Klagen in Gera deutlich seltener Erfolg als andernorts.

Kontrolle und Courage

Es stand also der konkrete Verdacht im Raum, dass die Rechtsprechung am VG Gera geprägt war von AfD-nahen Überzeugungen in der Richterschaft. Noch im Juli 2024 leitete der Präsident des Gerichts ein Disziplinarverfahren gegen Fuchs wegen einer Verletzung des sogenannten Mäßigungsgebots ein: Nach Paragraph 39 des Deutschen Richtergesetzes hat sich ein

Richter »innerhalb und außerhalb seines Amtes, auch bei politischer Betätigung, so zu verhalten, dass das Vertrauen in seine Unabhängigkeit nicht gefährdet wird«. Die mögliche Folge eines Dienstvergehens ist dabei ein bloßer Verweis. Einen Antrag auf Entfernung aus dem Dienstverhältnis müsste dagegen das Thüringer Justizministerium beim zuständigen Richterdienstgericht stellen.

Wichtiger für die klagenden Asylbewerber:innen: Ebenfalls im Juli 2024 änderte das von den Richter:innen gewählte Präsidium die Geschäftsverteilung. Seitdem ist Fuchs nicht mehr für das Ausländer- und Asylrecht zuständig. Damit zog das Präsidium die richtige Konsequenz und wartete nicht erst auf Befangenheitsanträge, die vermutlich in großer Zahl gegen Fuchs als zuständigen Asylrichter gestellt worden wären – und über die seine Kolleg:innen dann zu entscheiden gehabt hätten. Wie das Bundesverfassungsgericht 2021 betont hat, müssen Befangenheitsanträge nach migrationsfeindlichen Äußerungen eines Richters oder einer Richterin genau geprüft werden, um das Recht auf einen unabhängigen und unparteilichen Richter bzw. eine Richterin nach Artikel 101 Absatz 1 Satz 2 Grundgesetz zu wahren. In Strafprozessen können im Übrigen auch Staatsanwaltschaften gehalten sein, Richter:innen wegen Äußerungen gruppenbezogener Menschenfeindlichkeit als befangen abzulehnen.

Jenseits konkreter Befangenheitsverfahren braucht es aber zur Selbstkontrolle der Justiz grundsätzlich Richter:innen und Staatsanwält:innen, die sich einmischen, um autoritären und völkischen Positionen auch im Kollegium entgegenzutreten. Insbesondere an kleinen Gerichten wie dem VG Gera ist schwer vorstellbar, dass niemandem die antidemokratische Haltung eines Richters auffällt. Deutlich verbreiteter als konkrete AfD-Nähe dürften indes menschenrechtswidrige und antidemokratische Einstellungen in der sogenannten politischen Mitte sein, dazu zählen beispielsweise antiziganistische Ressentiments auch in der Sozialgerichtsbarkeit. Die Justizministerien sind insofern – und längst nicht nur in Ostdeutschland – aufgerufen, zuständige interne Meldestellen nach dem Hinweisgeberschutzgesetz aktiv zu bewerben und es Justizbediensteten so leicht wie möglich zu machen, beispielsweise rassistische oder antisemitische Äußerungen von Kolleg:innen zu melden. Auch über erleichtertes »Whistleblowing« für Rechtsanwält:innen und Zivilgesellschaft sollte nachgedacht werden.

In Gerichten und Justizverwaltung, aber auch außerhalb sind die vielen Demokrat:innen gefordert, kritischer gegenüber menschenfeindlichen Positionen zu werden, sich stärker zu engagieren und einander zu unterstützen. Das gestaltet sich an Orten wie dem VG Gera sicherlich schwieriger als an Gerichten in westdeutschen Großstädten. Aber berechtigtes Vertrauen in Recht und Justiz wird davon abhängen.

Kein effektiver Rechtsschutz

Speziell für das Asylrecht verdeutlicht der Fall Bengt Fuchs daneben ein grundlegendes prozessrechtliches Problem. Denn offenbar begründete Fuchs seine Urteile in Asylverfahren textbausteinartig mit dem »nur sehr detailarmen, vagen und unsubstantiierten Vortrag« zu den Asylgründen. Und gegen ein solches richterliches Vorgehen ist nach dem Asylgesetz praktisch kein Rechtsschutz gegeben.

Wer gegen das Bundesamt für Migration und Flüchtlinge (BAMF) klagt und als Flüchtling anerkannt werden will, sitzt vor Gericht einer Einzelperson gegenüber. Diese:r Richter:in muss nach der Anhörung davon überzeugt sein, dass der Person im Herkunftsland zum Beispiel eine politische Verfolgung droht.

Objektive Beweise gibt es nur selten, entscheidend sind fast immer die eigenen mündlichen Angaben: Wenn ein:e Richter:in sie nicht für glaubhaft hält, wird die Entscheidung unangreifbar. Die Rechtsmittel gegen Gerichtsentscheidungen sind nämlich im Asylgesetz in Paragraph 78 stark eingeschränkt. Die Berufung zum Oberverwaltungsgericht ist hier nur in wenigen Fällen zulässig, »ernstliche Zweifel an der Richtigkeit des Urteils« gehören nicht dazu. Wird im Asylprozess eine Klage als »offensichtlich unbegründet« abgewiesen, ist das erstinstanzliche Urteil sogar unanfechtbar. Dieses verschafft Verwaltungsrichter:innen eine problematische Machtstellung. Und es ermöglicht autoritären Nationalist:innen innerhalb der Justiz, sich nahezu unkontrolliert auszuleben. Ein Rechtsanwalt, der anonym bleiben möchte, äußerte gegenüber dem MDR, dies sei »das Gefährliche, warum man den Richtern so ausgeliefert ist«.

Der Deutsche Anwaltsverein, Pro Asyl und andere fordern deswegen schon lange, das restriktive Sonderprozessrecht in Asylverfahren abzuschaffen. Dann wären die allgemein im Verwaltungsrecht üblichen Rechtsmittel verfügbar, um gegen problematische Entscheidungen (auch) von rechten Richter:innen vorzugehen. In der Praxis ist der Zugang zu effektivem Rechtsschutz auch dadurch beeinträchtigt, dass Verwaltungsgerichte bedürftigen Kläger:innen in den typischen Fällen, in denen es entscheidend auf die Anhörung ankommt, nicht regelmäßig Prozesskostenhilfe gewähren. Stärker berücksichtigt werden könnte schließlich, dass Antragsteller:innen regelmäßig in unverschuldeter Beweisnot sind, was die Verhältnisse in ihrem Herkunftsland angeht: In der Praxis müssen sie das Gericht überzeugen, dass ihnen bei Rückkehr Verfolgung droht – sie unterliegen also, wenn das aus gerichtlicher Sicht nicht bewiesen ist.

Motiv und Gelegenheit

Solche und andere rechtsstaatliche Verbesserungen sind gegenwärtig leider nicht zu erwarten, im Gegenteil: Nach der jüngsten »Reform« des Gemeinsamen Europäischen Asylsystems (GEAS) stehen ab 2026 große menschenrechtliche Rückschritte an. Asylverfahren sollen künftig an den EU-Außengrenzen oder gar in Drittstaaten wie Albanien und Ruanda durchgeführt werden. Nicht die Flüchtlinge oder das Recht sollen geschützt werden, sondern die Außengrenzen. Verfahren sollen kürzer, nicht fairer werden.

In einem politischen Klima, in dem Abschottungsphantasien nicht nur bei CDU/CSU, sondern auch bei SPD, FDP und Grünen dominieren, sind Flüchtlingsrecht und Rechtsstaatlichkeit allgemein bedroht und nicht nur durch einzelne rechte Überzeugungstäter:innen beim BAMF oder in der Verwaltungsgerichtsbarkeit.

Literatur: Christian Rath, Disziplinarverfahren gegen Richter Bengt Fuchs, Legal Tribune Online vom 10.07.2024; David Straub, Gera: AfD-nahe Verwaltungsrichter urteilen deutlich öfter gegen Asylsuchende aus Afrika, MDR Thüringen vom 16.11.2023.

SEXISMUS UND LGBTQIA*-FEINDLICHKEIT

Trans*Frauen sind Frauen

Bewusstes Misgendern in Reichelt-Blog rechtswidrig

von Jasper Prigge

Dass sich rechte Medien in einem »Kulturkampf« wähnen und dabei bevorzugt gegen marginalisierte Gruppen hetzen, ist nichts Neues. In den letzten Jahren haben sie es vermehrt auf Transpersonen abgesehen. Häme, Spott, Falschinformationen, Gewaltaufrufe – gerade in sozialen Netzwerken fallen sie auf fruchtbaren Boden und schaffen ein Klima der Feindseligkeit. Die Journalistin Janka Kluge hat sich nun erfolgreich gegen ein »Misgendern« ihrer Person zur Wehr gesetzt und ein grundlegendes Urteil erstritten. Das Oberlandesgericht Frankfurt am Main untersagte es dem Blog »Pleiteticker«, der von einem Unternehmen des Ex-*BILD*-Chefredakteurs Julian Reichelt betrieben wurde, und der Autorin Judith Sevinç Basad, Janka Kluge in einem Beitrag als »Mann« zu bezeichnen. Die Autorin, selbst ehemalige BILD-Redakteurin, schrieb über eine juristische Auseinandersetzung zwischen der Biologin Marie-Luise Vollbrecht und Kluge, bei der Letztere durch eine Stiftung unterstützt wurde, um entstandene Anwaltskosten zu finanzieren. In einer sich steigernden Tirade bezeichnete sie Kluge zunächst als »Transfrau«, dann als »biologischen Mann« und schließlich nur noch als »Mann«.

Das Absprechen des sozialen Geschlechts, wenn beispielsweise Transfrauen als »Männer« bezeichnet werden, ist für die Betroffenen oft zutiefst verletzend und psychisch belastend. Nicht selten findet ein Rückzug aus dem gesellschaftlichen Leben statt, weil die permanenten Herabwürdigungen nicht auszuhalten sind. Kluge selbst sagte gegenüber der *taz*, dass die Bezeichnung als »Mann« für sie die »schlimmste Beleidigung« überhaupt sei.

Bezeichnung als »Mann« ist kein bloßer Verweis auf »biologisches Geschlecht«

Gegen das Misgendern als »Mann« ging Janka Kluge gerichtlich vor und gewann in zwei Instanzen. Die Pressekammer des Landgerichts Frankfurt am Main erließ im März 2023 zunächst eine einstweilige Verfügung, mit der sie sowohl das Unternehmen als auch die Autorin Judith Sevinç Basad zur Unterlassung verpflichtete. In ihrem späteren Urteil vom 6. Juli 2023 verwiesen die Richterinnen auf die Rechtsprechung des Bundesverfassungsgerichts, wonach die geschlechtliche Identität »ein konstituierender Aspekt der eigenen Persönlichkeit« und daher durch das allgemeine Persönlichkeitsrecht geschützt sei. Die Menschenwürde in Verbindung mit dem Grundrecht auf Schutz der Persönlichkeit gebiete es, »dem Selbstbestimmungsrecht eines Betroffenen Rechnung zu tragen und seine selbstempfundene geschlechtliche Identität rechtlich anzuerkennen«.

Die Beklagten machten dagegen geltend, sie hätten Janka Kluge nicht abgesprochen, eine Transfrau zu sein. Sie hätten lediglich auf ihr biologisches Geschlecht verwiesen. Das Landgericht Frankfurt am Main zeigte mit einer überzeugenden Textanalyse auf, dass die Bezeichnung als »Mann« nicht lediglich in einem »wertneutralen« Sinne als Hinweis auf das biologische Geschlecht zu verstehen sei. Vielmehr ziele die Äußerung auf »eine Herabwürdigung und Kränkung der Klägerin ab«. Denn in dem beanstandeten Satz fehle, anders als an einer anderen Stelle des Textes, der einschränkende Zusatz »biologisch« und die Äußerung sei auch im Gesamtkontext klar herabsetzend formuliert. Der gesamte Beitrag lasse zudem erkennen, dass sich die beklagte Autorin Basad ausreichend mit den geführten Debatten um die Rechte von Transpersonen beschäftigt habe, um sich der kränkenden Wirkung der Äußerung bewusst zu sein.

Abwägung von Persönlichkeitsrecht und Meinungsfreiheit

Eine entscheidende Frage im Verfahren war, ob es sich bei der Äußerung um eine Tatsachenbehauptung oder um eine Meinungsäußerung handele. Denn wahre Tatsachenbehauptungen müssen in der Regel hingenommen werden und können nur in sehr engen Grenzen untersagt werden. Das Landgericht stufte die Bezeichnung als »Mann« im strittigen Satz jedoch deshalb als Meinungsäußerung ein, da im Vordergrund gestanden habe, dass die Autorin den Vorgang um die Unterstützung Kluges durch die Stiftung kritisch bewerte.

In der Folge musste das Gericht die Meinungsfreiheit der Beklagten und das Persönlichkeitsrecht der Klägerin gegeneinander abwägen. Die Richterinnen stellten fest, dass der Eingriff in das Persönlichkeitsrecht erheblich sei. Die Klägerin Janka Kluge lebe bereits seit mehr als vierzig Jahren als Frau und werde in einem öffentlichen Artikel als Mann bezeichnet, während sich die Beklagten trotz des gerichtlichen Verbots nach wie vor kritisch äußern könnten – nur eben nicht verbunden mit einer bewussten Verunglimpfung der Klägerin. Im Ergebnis sah das Gericht daher das Persönlichkeitsrecht der Klägerin als verletzt an.

OLG Frankfurt am Main: »Bewusster Einsatz der Bezeichnung«

Die Beklagten legten jedoch Berufung gegen das Urteil ein, sodass das Oberlandesgericht Frankfurt am Main entscheiden musste. Sie machten unter anderem geltend, der Vorwurf einer bewussten Aberkennung der geschlechtlichen Identität sei unzutreffend. Es fehle an einer hinreichenden Grundlage für eine bewusste Verwendung des Begriffs »Mann« zur Herabsetzung der Klägerin. Aber auch die Richter*innen der zweiten Instanz verwiesen die Beklagten darauf, dass die Bezeichnung als »Mann« unter Berücksichtigung der Struktur des angegriffenen Satzes und der dort verwendeten stilistischen Mittel für Leser*innen durchaus eine herabwürdigende Bedeutung habe. Das Berufungsgericht stellte klar, dass es nicht darauf ankomme, wie die äußernde Person ihre Aussage gemeint habe oder verstanden wissen wolle. Vielmehr sei allein darauf abzustellen, wie sie von Durchschnittsleser*innen tatsächlich verstanden werde.

An dieser Stelle wies das Gericht ergänzend darauf hin, dass es eine »gewisse rhetorische Steigerung der von der Autorin für die Klägerin verwendeten Bezeichnungen« im Verlauf des Beitrags gebe. Während sie zuerst als »Transfrau« benannt wurde, folgte dann die Bezeichnung »biologischer Mann« und schlussendlich die ausschließliche Betitelung als »Mann«. Im Übrigen war das Oberlandesgericht der Auffassung, dass ein bewusster Einsatz der Bezeichnung »Mann« unterstellt werden dürfe. Eine versehentliche Verwendung könne ausgeschlossen werden, da der Autorin die Lebensgeschichte und das biologische Geschlecht der Klägerin bekannt gewesen sei.

Zwar seien auch scharfe und abwertende Meinungsäußerungen von der Meinungsfreiheit geschützt. Allerdings, so das Oberlandesgericht, handele es sich bei der Bezeichnung als »Mann« um einen Eingriff in einen zentralen Bereich des Persönlichkeitsrechts der Klägerin. Denn mit dieser Bezeichnung werde ihr ihre »seit Jahrzehnten nach außen gelebte geschlechtliche Identität abgesprochen«, was von ihr nicht hinzunehmen sei.

Betroffene können sich gegen Misgendern wehren

Bewusstes Misgendern ist noch immer alltäglich und hat große Auswirkungen auf die Betroffenen. Der Kern ihrer Persönlichkeit wird mitunter permanent in Frage gestellt. Das Verfahren ist daher von grundlegender Bedeutung. Die Gerichte haben erstmals anerkannt, dass Misgendern schwerwiegend in Persönlichkeitsrechte eingreift. Betroffene können sich zivilrechtlich zur Wehr setzen, wenn ihnen ihr soziales Geschlecht abgesprochen wird. Sie müssen derartige Herabsetzungen nicht hinnehmen und können die Durchsetzung ihrer Rechte selbst in die Hand nehmen. Dabei müssen sie nicht darauf hoffen, dass die Behörden auf eine Strafanzeige hin tätig werden, zumal nicht jede Herabsetzung strafrechtlich verfolgbar ist. Gerade wenn es um rechte Medien mit großer Reichweite geht, können solche Verfahren andere Betroffene ermutigen, selbst aktiv zu werden.

Zwar werden Gerichtsverfahren allein kaum in der Lage sein, die (Un-)Kultur in den sozialen Netzwerken gegenüber Transpersonen zu verändern. Dennoch braucht es auch die juristische Auseinandersetzung mit rechten Stichwortgeber*innen, um deutlich zu machen, dass ihrem Treiben rechtliche Grenzen gesetzt sind und dass das Recht ihren Versuchen, die den Betroffenen die Identität abzusprechen, eine Absage erteilt.

Verfahren: Oberlandesgericht Frankfurt am Main, Beschluss vom 15.02.2024 – 16 U 93/23; Landgericht Frankfurt am Main, Urteil vom 06.07.2023 – 2-03 O 149/23; BVerfG, Beschluss vom 10.10.2017 – 1 BvR 2019/16.

Literatur: Heike Borufka: Landgericht Frankfurt sieht Reichelt-Blog weiter kritisch, Hessenschau vom 15.6.2023, online abrufbar unter: https://www.hessenschau.de/panorama/trans-frau-als-mann-bezeichnet-landgericht-frankfurt-sieht-reichelt-blog-weiter-kritisch-v2,reichelt-prozess-misgendern-100.html.

RECHTSTERRORISMUS

Ein AfD-Parteibuch und 197 Waffen im Schrank

Keine Waffen für AfD-Parteimitglieder

von Sophie Borkel

Ein Polizeibeamter im Ruhestand besitzt ganz legal 197 Waffen. Er ist politisch aktiv, Mitglied in der AfD und hat für diese schon bei Kommunal-, Landtags- und Bundestagswahlen kandidiert. Sein straf- und waffenrechtliches Verhalten ist nicht zu beanstanden. Und trotzdem widerruft die zuständige Waffenbehörde in Nordrhein-Westfalen im Mai 2023 sämtliche waffenrechtliche Erlaubnisse, als sie Kenntnis von seiner Parteimitgliedschaft erhält, und spricht ihm die notwendige waffenrechtliche Zuverlässigkeit ab. Auch die Waffenerlaubnis seiner Ehefrau, die ebenfalls AfD-Mitglied und Waffenbesitzerin ist, wird widerrufen. Hiergegen klagte der Waffenbesitzer vor dem Verwaltungsgericht Düsseldorf ohne Erfolg. Die Entscheidung aus Juni 2024 ist zwar noch nicht rechtskräftig, im Rahmen des Eilrechtsschutzes vor dem Oberverwaltungsgericht Münster unterlag der Kläger jedoch ebenfalls.

Keine Waffen für AfD-Mitglieder

Grundsätzlich ist es in Deutschland zum Schutz der Allgemeinheit verboten, Waffen oder Munition zu besitzen. Wer dennoch Waffen besitzen möchte, braucht hierfür eine Erlaubnis der zuständigen Waffenbehörde. Maßgebend dafür ist das Waffenrecht, das dem Ausgleich zwischen dem Individualinteresse des Einzelnen, Waffen besitzen und nutzen zu dürfen, und dem im Zweifel stärker wiegenden Allgemeininteresse nach Sicherheit und Ordnung dient. Zentraler Aspekt bei der Erlaubniserteilung ist, ob eine Person im konkreten Einzelfall zuverlässig im Sinne des Waffengesetzes ist oder nicht. Zunächst bringt erstmal jede Person diese Zuverlässigkeit mit sich, es gibt jedoch bestimmte Gründe, wie der unsachgemäße Umgang mit Waffen oder Munition in der Vergangenheit oder die Verurteilung zu einer mindestens einjährigen Freiheitsstrafe, bei der die Behörde zwingend von einer Unzuverlässigkeit ausgehen muss und eine Erlaubnis nicht erteilen darf. In anderen Fällen, beispielsweise bei einer Verurteilung wegen einer Straftat nach dem Waffengesetz, geht die Behörde regelmäßig davon aus, dass die Person unzuverlässig ist. Im Einzelfall lässt sich diese sogenannte Regelvermutung jedoch widerlegen, so dass die Person ausnahmsweise doch als waffenrechtlich zuverlässig angesehen werden kann.

Im Februar 2020 trat eine Verschärfung des Waffenrechts in Kraft. Nach der Neuregelung reicht es jetzt schon regelmäßig für die Annahme der waffenrechtlichen Unzuverlässigkeit, wenn man Mitglied in einer Vereinigung ist, die verfassungsfeindliche Bestrebungen verfolgt, unabhängig davon, ob sie bereits verboten wurde oder nicht. Es muss zudem nicht mehr zwingend erwiesen sein, dass die einzelne Person verfassungsfeindliche Bestrebungen verfolgt oder verfolgt hat, sondern es genügt der Nachweis der Mitgliedschaft in einer entsprechenden Organisation. Mit

Vereinigungen sind hier sowohl Vereine im Sinne des Vereinsgesetzes als auch Parteien im Sinne des Parteiengesetzes gemeint.

Die Einschränkung persönlicher Freiheiten an die eigene politische Betätigung zu knüpfen, ist in einem demokratischen Rechtsstaat erstmal keine Lappalie. Der faire politische Wettbewerb und die Chancengleichheit der Parteien setzen voraus, dass Parteimitglieder wegen ihrer politischen Arbeit keine Nachteile fürchten müssen. Aber es gibt in Deutschland kein Grundrecht auf Waffenbesitz, weswegen hier der Eingriff in die persönliche Freiheit des Einzelnen von vornherein gering ist. Hinzu kommt, dass persönliche Freiheitsrechte gerade dann eingeschränkt werden können, wenn der Schutz anderer zentraler Verfassungsgrundsätze dies notwendig macht. Der Besitz und die Verwendung von Waffen sind immer mit einem Risiko für Leben und Gesundheit anderer Menschen verbunden. Dass der Gesetzgeber deswegen einen großen Ermessensspielraum bei der Festlegung risikominimierender Maßnahmen hat und diese auch an politische Aktivitäten knüpfen darf, hat das Bundesverwaltungsgericht 2019 bereits unter der alten Rechtslage im Fall eines NPD-Mitglieds bestätigt. Es stellte vor allem klar, dass die Entwaffnung kein zielgerichteter Eingriff in die politische Betätigungsfreiheit ist, weil waffenrechtliche Erlaubnisse für die politische Betätigung ohne Relevanz seien.

Risiko zu groß

Zurück zum Ausgangsfall, in welchem die Auslegung der neuen Rechtslage zurzeit höchst umstritten ist. Denn unklar ist, mit welchem Grad an Sicherheit die Verfassungsfeindlichkeit einer Vereinigung festgestellt sein muss, um den Entzug der Waffenerlaubnis zu begründen. Reicht der begründete Verdacht, dass es sich um einen verfassungsfeindlichen Verein oder eine Partei handelt oder muss gerade im Falle einer Partei die Verfassungsfeindlichkeit gar vom Bundesverfassungsgericht festgestellt worden sein? Oder kann auf die Einstufung durch den Verfassungsschutz abgestellt werden?

Hier kommt ein zentraler Unterschied zwischen den Parteien AfD und NPD, mittlerweile umbenannt in »Die Heimat«, zum Tragen: Zwar sind beide Parteien nicht verboten, das Bundesverfassungsgericht hat im Fall der ehemaligen NPD jedoch eindeutig ihre Verfassungsfeindlichkeit festgestellt. Gegen die AfD läuft ein solches Verbotsverfahren vor dem Bundesverfassungsgericht, auch wenn es vielfach gefordert wird, bisher noch nicht.

Einzelne Landesverbände der AfD in Thüringen, Sachsen und Sachsen-Anhalt sind auf der dreistufigen Skala von Prüffall, Verdachtsfall und gesichert extremistischer Bestrebung von den jeweiligen Landesämtern für Verfassungsschutz bereits als gesichert rechtsextremistisch eingestuft worden. Für den Landesverband Nordrhein-Westfalen ist das bisher nicht der Fall. Der Bundesverband der AfD hingegen wird vom Bundesamt für Verfassungsschutz bisher lediglich als Verdachtsfall beobachtet, eine Einstufung, die 2024 vor dem Oberverwaltungsgericht in Münster bestätigt wurde.

Das Verwaltungsgericht Düsseldorf ging im vorliegenden Fall des ehemaligen Polizisten davon aus, dass es im Rahmen der waffenrechtlichen Zuverlässigkeitsprüfung ausreichend ist, wenn der begründete Verdacht besteht, dass die Vereinigung verfassungsfeindliche Bestrebungen verfolgt. In Anbetracht der Gefahren, die von einem unzuverlässigen Waffenbesitzer ausgehen können, müsse das Risiko, das mit einem Abwarten bis zur gesicherten Feststellung der Verfassungsfeindlichkeit einherginge, gerade nicht hingenommen werden.

Im Rahmen der materiell-rechtlichen Prüfung verwies das Verwaltungsgericht vorwiegend auf die Einstufung der Bundes-AfD als extremistischen Verdachtsfall durch das Bundesamt für Verfassungsschutz. Sie sei ein starkes Indiz für verfassungsfeindliche Bestrebungen im Sinne des Waffengesetzes. Darüber hinaus führte das Gericht aus, dass große Teile der AfD nicht nur die Menschenwürde muslimischer Menschen und Ausländer*innen missachteten, sondern auch die deutscher Staatsbürger*innen mit Migrationsgeschichte, denen nach politischer Zielsetzung der AfD nur ein rechtlich minderwertiger Status zuerkannt werden soll. Mithin bejahte das Gericht die verfassungsfeindlichen Bestrebungen der AfD.

Unterm Strich ging das Gericht also davon aus, dass hier ein Regelfall für die Vermutung der waffenrechtlichen Unzuverlässigkeit vorliegt. Der Kläger hatte zu seiner Verteidigung angeführt, dass er als ehemaliger Bundesbeamter einen Treueeid auf die Bundesrepublik geleistet habe und gerade nicht Teil des radikalen Flügels der Partei sei. Das reichte dem Verwaltungsgericht Düsseldorf nicht aus, um eine Ausnahme von der Regel zu begründen. Für eine Ausnahme brauche es den konkreten Nachweis, dass die verfassungsfeindlichen Tendenzen in der Vereinigung aktiv bekämpft werden. Der Kläger habe sich aber gerade nicht von den Äußerungen oder Verhaltensweisen der AfD distanziert. Sondern er habe durch die mehrfache Kandidatur bei verschiedenen Wahlen seine Übereinstimmung mit den Werten und Zielen der Partei nach außen deutlich gemacht.

Lieber keine bewaffneten Verfassungsfeind*innen

Andere Gerichte, wie das Oberverwaltungsgericht Sachsen-Anhalt oder das Verwaltungsgericht Gera, legten die Neuregelung anders aus. Das Oberverwaltungsgericht Sachsen-Anhalt argumentierte in einem ähnlichen Fall, in welchem die zuständige Waffenbehörde die Waffenerlaubnis eines AfD-Mitglieds widerrufen hatte, dass die Verfassungsfeindlichkeit der Partei feststehen müsse und der bloße Verdacht nicht ausreiche. Allein die Heranziehung der Erkenntnisse und Bewertungen der jeweiligen Verfassungsschutzämter würde nicht genügen. Vielmehr sei ein bevorstehendes, ein laufendes oder bereits abgeschlossenes Verbotsverfahren vor dem Bundesverfassungsgericht Indiz für die feststehende Verfassungsfeindlichkeit – dies sei bei der AfD bisher nicht der Fall.

Auch dem Verwaltungsgericht Gera reichte ein tatsachenbegründeter Verdacht der Verfassungsfeindlichkeit nicht aus. Eine interessante Randnotiz an dieser Stelle dürfte sein, dass das VG in diesem Zusammenhang detaillierte Ausführungen zu den Einschätzungen des thüringischen Verfassungsschutzes über die AfD gemacht hat, die Zweifel an der Kategorisierung der AfD als gesichert extremistische Bestrebung in Thüringen erkennen lassen. Ausgerechnet am Verwaltungsgericht Gera, das mit hohen Abweisungsquoten von Klagen schutzsuchender Asylbewerber:innen auffällt, arbeiten zwei Richter, die auf AfD-Wahlpartys gesehen wurden (siehe den Beitrag von *John Philipp Thurn*, Einem »rechten Richter« ausgeliefert?). Zuletzt wurde dem Richter und Vizepräsidenten des Gerichts, Bengt Fuchs, die Zuständigkeit für Asylverfahren entzogen und ein Disziplinarverfahren eingeleitet, unter anderem, weil er rassistische Online-Beiträge verfasst haben soll.

Fest steht, dass von bewaffneten Verfassungsfeinden ein enormes Gefahrenpotenzial für die Demokratie ausgeht. Und trotzdem ist es ein gutes Zeichen für den funktionierenden Rechtsstaat, dass die Gerichte es sich bei der Frage der Verfassungsfeindlichkeit – gerade wenn es um eine Partei geht – nicht leicht machen. Die Abwägung zwischen politischer Betätigungsfreiheit und öffentlicher Sicherheit bleibt somit ein ständiges Spannungsfeld, das in einer liberalen Demokratie immer wieder neu ausgehandelt werden muss. Es bleibt abzuwarten, welche Rechtsauffassung sich künftig an den Gerichten durchsetzen wird. Offenkundig ist, dass es den Gerichten durch eine Verfassungsschutz-Einstufung der AfD als gesichert extremistische Bestrebung oder der Vorbereitung eines Parteiverbotsverfahrens vor dem Bundesverfassungsgericht leichter fallen sollte, die verfassungsfeindlichen Bestrebungen innerhalb der AfD festzustellen.

Verfahren: Verwaltungsgericht Düsseldorf, Urteil vom 19.06.2024, Aktenzeichen 22 K 4836/23; Thüringer Oberverwaltungsgericht, Beschluss vom 19.02.2024, Aktenzeichen 3 EO 453/23; Verwaltungsgericht Gera, Beschluss vom 10.08.2023, Aktenzeichen 1 E 564/23 Ge; Oberverwaltungsgericht des Landes Sachsen-Anhalt, Beschluss vom 24.04.2023, Aktenzeichen 3 M 13/12.

Literatur: Deutscher Bundestag, Bundestagsdrucksache 19/15875; Bundesverwaltungsgericht, Urteil vom 19.06.2019, Aktenzeichen 6 C 9.18; Wissenschaftlicher Dienst des Bundestages, Sachstand zur Beobachtung durch den Verfassungsschutz, Aktenzeichen WD 3-3000-056/21.

Die große Verschwörung

Die Prozesse gegen die Gruppe um Prinz Reuß sind alles andere als Staatsschutz-Routine

von Martín Steinhagen

Dem Mann im Jankerl ist es offensichtlich Ernst. Hinter ihm hängt eine Flagge samt Wappen, vor ihm liegt ein Dokument in Fraktur, eine »Urkunde über die Amtseinführung«. Er liest daraus Formeln und Paragraphen aus dem »revidierten Staatsgrundgesetz Reuß, jüngere Linie, vom 14. April 1852« sowie ein Gelöbnis als »Fürst ad interim« vor. »Ich schwöre den reußischen Volksstämmen und den indigenen Völkern des Deutschen Bundes, die Verfassung der reußischen Staaten zu achten [...] und den allodialen Boden der reußischen Völker treu gegen alle Feinde im In- und Ausland sowie in kosmischen Sphären zu verteidigen.«

Aufgezeichnet wurde ein Video der Szene wohl im Herbst 2020 auf Schloss Waidmannsheil an der Saale in Thüringen. Gezeigt wird die Aufnahme 2024 an einem weniger weihevollen Ort: in einer provisorischen Leichtbauhalle auf einer Brache am Rande eines Frankfurter Industriegebietes an der A5. Das Video ist ein Beweisstück in einem Terrorverfahren. Es zeigt einen der Hauptangeklagten, den Unternehmer Heinrich XIII. Prinz Reuß.

Nicht nur die skurrile Proklamation mit ihrer Imitation der Rechtsform macht deutlich, dass dieses Verfahren alles andere als Routine ist. Die Ermittlungen der Bundesanwaltschaft gegen Prinz Reuß und seine mutmaßlichen Gefolgsleute haben sich zum wohl größten Staatsschutzverfahren in der Geschichte der Bundesrepublik ausgewachsen: 400000 Seiten Akten zum Zeitpunkt der Anklage gegen 27 Personen, zeitweise mehr als 70 Beschuldigte. Mutmaßliche Mitglieder der Gruppe stehen daher nicht nur in der für den Prozess eigens errichteten Halle in Frankfurt am Main vor Gericht, sondern auch in München und Stuttgart: Drei Senate haben zeitgleich teils denselben Sachverhalt aufzuklären. Aussagen in dem einen Verfahren könnten das andere beeinflussen. Angeklagte könnten hier sprechen und dort schweigen – und die Gerichte sogar widersprüchliche Urteile fällen.

Es geht nicht nur um Mitgliedschaft in oder Unterstützung einer terroristischen Vereinigung, sondern auch um die »Vorbereitung eines hochverräterischen Unternehmens«. Die Gruppe um Prinz Reuß soll einen gewaltsamen Umsturz geplant haben, einige Mitglieder sogar einen Sturm auf das Reichstagsgebäude.

Ein ideologischer Cocktail

Bemerkenswert ist auch die Zusammensetzung der Gruppe. Es steht ein Milieu vor Gericht, dass bislang selten in den Fokus derartiger Ermittlungen geraten ist: Männer und Frauen jenseits der 50, im Fall des mutmaßlichen Rädelsführers Prinz Reuß sogar jenseits der 70, manche haben ein beachtliches Vermögen, einige blicken auf eine militärische Karriere in Spezialeinheiten zurück. Die Angeklagte Birgit Malsack-Winkemann sprach zuletzt als Richterin in Berlin Recht, saß davor für die AfD im Bundestag. Ein weiterer Angeklagter war Rechtsanwalt, eine Frau behandelte bis zu ihrer Festnahme Patienten in ihrer Arztpraxis.

Nur einzelne aus dem Netzwerk lassen sich schon länger der »Reichsbürger«-Bewegung oder der radikalen Rechten zurechnen, viele hatten sich offenbar erst kürzlich, aber rasant radikalisiert. Das dürfte nicht zuletzt mit einer neuen Entwicklung zu tun haben, die in diesem Verfahren an die Oberfläche dringt: die enorme Verbreitung von Verschwörungsideologien. Zwar kursieren schon seit Jahrzehnten »Reichsbürger«-Vorstellungen, die Bundesrepublik sei im Gegensatz zum angeblich fortbestehenden Deutschen Reich kein legitimer, souveräner oder überhaupt ein Staat. Im Umfeld der Gruppe scheinen sich viele aber ihren ganz individuellen, aber hochwirksamen Ideologiecocktail gemixt zu haben – manche mit mehr Esoterik, andere mit einem Schuss extrem rechter Phantasien, die meisten aber mit einem hohen Anteil QAnon.

Vor der Ausbreitung dieses ursprünglich aus den USA stammenden wild wuchernden und antisemitisch grundierten Verschwörungsmythos rund um Eliten, die angeblich Kinder in unterirdischen Verliesen gefangen halten, hatten Beobachter schon lange gewarnt. Der deutschsprachige Raum gilt als zweitgrößte Szene jenseits der USA. Insbesondere die Proteste gegen die Corona-Maßnahmen wirkten als Katalysator: »Reichsbürger« erreichten plötzlich ein neues Publikum. Besonders auf Telegram entstanden damals Kanäle mit Inhalten, die deren Ideologie mit QAnon-Importen fusionierten. Einer von ihnen wurde von einem der inzwischen Angeklagten betrieben – und hatte zuletzt mehr als 100.000 Abonnenten.

»Eine Gedankenspirale«

Die Kernvorwürfe der Anklage sind in den drei Mammutverfahren identisch. Bereits bei einem ersten Treffen im Juli 2021 sei der Entschluss gefallen, »gemeinsam den Umsturz der politischen Verhältnisse in Deutschland herbeizuführen«, heißt es in der Anklageschrift. Die Angeklagten seien davon überzeugt gewesen, die Welt werde von einer Gruppe »pädophiler Eliten« beherrscht. Rettung sollte eine geheimnisumwobene »Allianz« bringen, ein »technisch überlegener militärischer Geheimbund«, mit dessen Hilfe der Umsturz gelingen sollte. Wer genau dahinter steckte, war in der Gruppe umstritten. Manche glaubten an eine Verbindung zwischen Trump, Putin und Xi, andere sahen gar Außerirdische am Werk.

Den Ermittlungen der Bundesanwaltschaft zufolge bereitete man sich fast schon obsessiv auf einen von dieser »Allianz« angeführten Einsatz vor. Einerseits sollten 286 »Heimatschutzkompanien« die Machtübernahme absichern und »Säuberungen« vornehmen, andererseits ein Rat unter Vorsitz von Prinz Reuß die »politische Neugestaltung Deutschlands« angehen.

Nicht nur die »Ratssitzungen« im Schloss wurden von Behörden bald akribisch beobachtet. Telefone wurden überwacht, Verdächtige observiert. Die Beamten dokumentierten, wie Bundeswehrkasernen ausgekundschaftet wurden, erfuhren von Schießtrainings, esoterischen Visionen, Großspenden. Sie hörten mit, wie um Posten gestritten wurde. Sie fanden Uniformen, eigens angefertigte Kennzeichen für Militärfahrzeuge. Fast eine halbe Million Euro habe die Gruppe dabei zur Verfügung gehabt, rechnet die Bundesanwaltschaft vor – und rund 380 Schusswaffen.

Große Aufregung herrschte im Herbst 2022, als viele der Angeklagten offenbar glaubten, der Umsturz stehe unmittelbar bevor. Manche stellten den Strom ab, andere begaben sich in einen »Gefechtsstand«. Doch es passierte – nichts. Es folgte Enttäuschung und Streit, aber die Vorbereitungen gingen den Ermittlungen zufolge weiter. Die Überzeugung, »wonach es keinen Zufall gebe, gleichzeitig aber alles mit allem zusammenhänge«, habe die Mitglieder letztlich in »eine Gedankenspirale« geführt, in der sie sich immer weiter radikalisierten und einen »erheblichen Handlungsdruck« aufbauten, »endlich aktiv zu werden«, heißt es in der Anklageschrift. Dem kamen die Festnahmen im Dezember 2022 zuvor.

Aussagen und Allianzen

Im Frühjahr und Sommer 2024 haben die Hauptverhandlungen gegen mutmaßliche Mitglieder vor den Oberlandesgerichten Stuttgart, Frankfurt am Main und München begonnen.

In Terrorverfahren ist es aufgrund der einschlägigen Straftatbestände nicht selten, dass über Pläne verhandelt wird, die noch gar nicht umgesetzt worden sind. Oft ist es eine zentrale Herausforderung für die Anklage, eine feste Organisationsstruktur nachzuweisen. In diesem Fall dürfte der bürokratische Eifer der Angeklagten viele Argumente liefern. Dazu zählen etwa die rund 130 Verschwiegenheitserklärungen, mit denen sich die Unterzeichnenden zur Geheimhaltung über ein Vorhaben zur »Reaktivierung Deutschlands« verpflichteten – bei Androhung der Todesstrafe.

Nichtsdestotrotz haben einige Angeklagte bereits Angaben gemacht und zumeist versucht, die in der Anklage skizzierten Pläne herunterzuspielen. Immer wieder haben Verteidiger die Vorwürfe gegen ihre Mandanten zurückgewiesen. So wurde etwa argumentiert, dass die Gruppe keine Gewalt ausgeübt habe und dies auch nicht zu befürchten gewesen sei. Die »Allianz« sei schließlich eine wahnhafte Idee und hätte daher kein Startsignal geben können. Den Bundesgerichtshof hat dieses Argument vor Eröffnung der Hauptverhandlung jedenfalls nicht überzeugt. Gerade weil die »Allianz« nur in der Vorstellung der Gruppe existiere, hätten deren Mitglieder selbst jedes beliebige Ereignis zum Zeichen für den Tag X erklären können, heißt es in einem Beschluss. Und apropos Wahn: Nur eines der drei Gerichte hat es bislang für notwendig erachtet, einen psychiatrischen Sachverständigen zu beauftragen, der sich wiederum nur mit zwei Angeklagten befassen soll. Die Senate gehen also nicht davon aus, dass der Glaube an eine »Allianz« oder Außerirdische bereits ein Hinweis auf eine psychische Erkrankung ist.

Zu den Widersprüchen des Falls gehört, dass unter den Verschwörern tatsächlich große Verwirrung zu herrschen schien, wann der Umsturz beginnen würde. Es liegt dabei auf der Hand, dass ein Putschversuch nicht erfolgreich gewesen wäre. Vor allem wegen des fortgeschrittenen Alters einiger Akteure und der teils bizarren Ideen wurde die Gruppe in der Öffentlichkeit vielfach verharmlost. In den Behörden beobachtete man allerdings mit Sorge, wie weitläufig das Netzwerk war, und vor allem, dass einige Mitglieder zunehmend ungeduldig wirkten. Deutlich größer erscheint daher das Risiko, dass sich einzelne oder Teile der Gruppe hätten entscheiden können, loszuschlagen. Bei den »Säuberungen« hätte es nicht nur Regierungsmitglieder, sondern auch Kommunalpolitiker oder Gastronomen treffen können, die etwa Corona-Schutzmaßnahmen durchgesetzt hatten. Das legen jedenfalls überwachte Telefonate nahe. Ein Fall aus dem Komplex verdeutlicht die Gewaltbereitschaft: Bei einer Durchsuchung eröffnete einer der inzwischen Angeklagten das Feuer und verletzte einen Polizisten erheblich. Ihm wird versuchter Mord vorgeworfen.

Die Anziehungskraft der Ideologie scheint für manche trotz der massiven Vorwürfe ungebrochen. Immer wieder sitzen Leute aus der Szene in den Verhandlungen. Mitunter senden sie mit bedruckten T-Shirts Botschaften durch das Panzerglas in den Gerichtsaal, zum Beispiel diese: »Aufgeben ist keine Option«.

Verfahren: Oberlandesgericht Stuttgart, Aktenzeichen 3 St 2 BJs 445/23; Oberlandesgericht Frankfurt am Main, Aktenzeichen 8 St 2/23; Oberlandesgericht München, Aktenzeichen 9 St 7/23; BGH, Beschluss vom 11. Juli 2023, Aktenzeichen AK 35/23.

Literatur: Josef Holnburger, Maheba Goedeke Tort, Pia Lamberty, QVADIS? Zur Verbreitung von QAnon im deutschsprachigen Raum, Report herausgegeben vom Center für Monitoring, Analyse und Strategie (CeMAS); Thomas Fischermann, Christian Fuchs, Astrid Geisler, Johannes Grunert, Yassin Musharbash, Christina Schmidt, Martín Steinhagen, Countdown zum Umsturz, DIE ZEIT Nr. 19/2023 vom 3.5.2023.

Menschenverachtend, rechtsextrem, antisemitisch, rassistisch, aber straflos?

Die Ermittlungen zum Frankfurter »Itiotentreff« werden eingestellt

von Fynn Wenglarczyk

In verschiedenen WhatsApp-Chatgruppen haben Polizeibeamte sowie die Lebensgefährtin eines Polizeibeamten aus Frankfurt am Main in der Zeit zwischen 2014 und 2018 »in erheblichem Umfang teilweise nur schwer erträgliche menschenverachtende, rechtsextreme, gewaltverherrlichende, antisemitische, ableistische und rassistische Inhalte« geteilt, die »erhebliche Zweifel an der Verfassungstreue der im Polizeidienst tätigen Angeschuldigten« begründeten und »dienstrechtliche Konsequenzen« erforderten. Strafbar, so das Oberlandesgericht Frankfurt am Main in einem Beschluss vom 8. Juli 2024 weiter, sei das aber nicht gewesen. FragdenStaat hatte die Inhalte einer dieser Chatgruppen mit dem Gruppennamen »Itiotentreff« gemeinsam mit dem ZDF-Magazin Royale im September 2023 im Internet veröffentlicht. Die geteilten Inhalte, unter anderem Hitler-Memes, Hakenkreuze, Witze über Menschen mit Behinderung, Vergewaltigungsopfer, Frauen, Geflüchtete oder nicht-weiße Menschen, sind erschreckend – nicht nur wegen der menschenverachtenden Gesinnung, die in diesem Chatverlauf zum Ausdruck kommt. Es ist die Unbeschwertheit, mit der auch strafbares Unrecht von Personen humoristisch relativiert wird, die gerade der Verteidigung des Rechts verpflichtet sind. So soll beispielsweise ein Foto, das der Polizist Johannes S. am 21. Dezember 2015 in die Gruppe geteilt haben soll, eine Flasche zeigen, auf der ein eisernes Kreuz zu sehen ist. Darüber steht: »Deutsches Blut, gebraut aus frischen Juden, Jahrgang 1944, Ausschwitz (sic!) GmbH und Co KG« (der Bildinhalt wird wegen des inkriminierten Inhalts auf www.fragdenstaat.de nur umschrieben). Es ist eines von tausenden Beispielen.

Strafverfolgung eingestellt

Die Chatgruppen waren Zufallsfunde, die im Rahmen des Ermittlungsverfahrens gegen den Frankfurter Polizisten Johannes S. und die Polizistin Miriam D. im Zusammenhang mit den NSU-2.0-Drohschreiben gemacht wurden. Beide standen im Verdacht, die Anschrift der NSU-Opferanwältin Seda Başay-Yıldız von ihren Polizeicomputern abgefragt zu haben – rund eineinhalb Stunden, bevor die Anwältin ein Fax mit Drohinhalt des NSU 2.0 erhielt. Wer die Daten im Revier tatsächlich abrief, konnte im Rahmen der Strafermittlung nicht festgestellt werden. Die Staatsanwaltschaft hat das Ermittlungsverfahren in beiden Fällen deshalb mangels »hinreichenden Tatverdachts« eingestellt. Bei der Auswertung eines sichergestellten Smartphones, das der Polizistin Miriam D., kamen die Chatgruppen ans Licht. Die Staatsanwaltschaft Frankfurt am Main hat daraufhin Ermittlungsverfahren gegen die Mitglieder der Chatgruppen und nach Abschluss der Ermittlungen Anklage wegen Volksverhetzung (Paragraph 130 Absatz 2 Strafgesetzbuch) und wegen des Verwendens von Kennzeichen verfassungswidriger Organisationen (Paragraph 86a Absatz 1 Nummer 1 Strafgesetzbuch) beim Landgericht Frankfurt am Main erhoben. Das Gericht ließ die Anklage allerdings nicht zu. Die Inhalte würden keinen Straftatbestand erfüllen. Beide Tatbestände setzten nämlich voraus, dass die Inhalte »verbreitet« würden, was aber nicht der Fall sei, wenn diese nur in einer privaten Chatgruppe versendet würden. Das sah in der nächsthöheren Instanz auch das Oberlandesgericht Frankfurt am Main so. Die Polizeibeamten kommen nun straffrei davon. Immerhin hat das Frankfurter Polizeipräsidium im November 2024 eine Disziplinarklage beim Verwaltungsgericht Wiesbaden eingereicht, um Mitgliedern der Gruppen ihren Beamtenstatus zu entziehen.

Alles privat und ungefährlich?

Das Oberlandesgericht Frankfurt meint, dass im Fall der Frankfurter Chatgruppen die Angeschuldigten die Inhalte nicht an »größere Personenkreise« versendet und auch nicht damit gerechnet hätten, dass diese von den anderen Gruppenmitgliedern an Dritte weitergegeben würden. Das ist aber im strafrechtlichen Sinne die Voraussetzung dafür, dass Inhalte »verbreitet werden«.

Das Gericht zeichnet in der Rekonstruktion der Vorfälle hierzu das Bild einer kleinen vertrauten Gruppe, die sich nur zur privaten Belustigung menschenverachtendes Material zuschicken würde, in sich völlig geschlossen sei, und bei der man ausschließen könne, dass die Inhalte nach außen dringen würden. Der polizeiliche Korpsgeist schützt hier vor strafrechtlicher Verantwortlichkeit. In der Entscheidung heißt es dazu, die Angeschuldigten hätten die Inhalte lediglich in »private, geschlossene

Chatgruppen mit überschaubarem Personenkreis eingestellt, deren Mitglieder miteinander – teilweise sehr eng – verbunden« seien. Darüber hinaus konnte das Gericht auch keinen Anhaltspunkt dafür erkennen, dass die Angeschuldigten in Kauf genommen hätten, »dass die eingestellten Inhalte weitergegeben und einer nicht mehr überschaubaren Anzahl von Personen übermittelt« werden.

Bei der Lektüre der Entscheidung gewinnt man den Eindruck, dass von mehreren Interpretationsmöglichkeiten zuverlässig diejenige gewählt wurde, die in dieses Bild passt und im Ergebnis zur Straffreiheit führt. Zur Gruppengröße heißt es, es habe sich stets um kleine Gruppen mit »überschaubarer Personenzahl« gehandelt. Das mag man im Fall der veröffentlichten Gruppe »Itiotentreff« noch nachvollziehen. Diese bestand nämlich tatsächlich nur aus sechs Mitgliedern. Allerdings waren fünf der sechs Angeschuldigten auch Mitglieder in einer weiteren Chatgruppe mit 26 bis 31 Personen. Aber auch das war nicht ausreichend, um den Tatbestand der Verbreitung zu begründen. Denn es handelte sich, so das Oberlandesgericht Frankfurt am Main, um eine »exklusive Gruppe«, »die aus aktuellen und ehemaligen Polizeikollegen derselben Dienstgruppe bestand« und die aufgrund »früherer oder aktueller Zugehörigkeit zu derselben Dienstgruppe miteinander verbunden« seien. Die fehlende Exklusivität und Kontrollierbarkeit entfalle nicht dadurch, dass die Teilnehmendenzahl schwankt, weil die Teilnehmenden von einem Administrator festgelegt werden, sodass der Teilnehmendenkreis »nur durch diesen erweitert werden« kann. Daraus zieht das Gericht den Schluss, dass jedes Gruppenmitglied beim Einstellen von Inhalten »volle Kontrolle« darüber gehabt habe, wer die eingestellten Medien sehen konnte.

Der Schluss ist aber aus zwei Gründen nicht wirklich überzeugend: Zunächst ist es für die Frage der Gruppengröße irrelevant, dass die Mitglieder beruflich oder persönlich miteinander verbunden waren. Es geht, wie das Gericht ja an anderer Stelle selbst mitteilt, nur darum, ob der Personenkreis so groß ist, dass er nicht mehr kontrolliert werden kann.

Dass diejenigen Mitglieder, die nicht Administratoren sind, vor jedem Versenden den aktuellen Mitgliederbestand prüfen, ist lebensfremd. Außerdem: Wenn die Kontrollierbarkeit der Gruppe nur davon abhängen soll, dass ein Administrator festlegt, wer reinkommt, dann müsste man ein Verbreiten auch bei einer Gruppengröße von zum Beispiel 10000 Menschen ablehnen, sofern die Gruppenmitglieder nur von einer einzelnen Person ausgewählt werden.

Vorsicht wird unterstellt

Weil es sich also stets nur um eine kleine Gruppe gehandelt habe und die Teilnehmer und Teilnehmerinnen beim Einstellen von Inhalten stets die Kontrolle über den Rest der Gruppe gehabt hätten, kam eine Strafbarkeit nur noch für den Fall in Betracht, dass die Angeschuldigten zumindest damit gerechnet hätten, dass die Inhalte weitergegeben würden. Aber auch dagegen findet das Gericht ein Argument, und zwar die Tatsache, dass es sich um Polizeibeamte – und die Lebensgefährtin eines Polizeibeamten – handelte, die bei einer Verbreitung der Inhalte viel zu verlieren hätten. Denn für den Fall, dass die Chatgruppe mit nationalsozialistischen und ausländerfeindlichen Inhalten bekannt werden würde, hätten diese mit existenzbedrohenden, dienst- und strafrechtlichen Konsequenzen rechnen müssen. Das sei ihnen bewusst gewesen. Vor diesem Hintergrund sei also die Annahme »naheliegend«, dass die Angeschuldigten davon ausgingen, »dass alle Chatgruppenmitglieder mit den empfangenen

Inhalten vorsichtig umgehen würden. Denn für den Fall, dass die Inhalte bei jemand anderem gefunden oder von diesem gemeldet würden, mussten sie mit Ermittlungen zur Herkunft des inkriminierten Inhalts rechnen, die womöglich zu ihnen selbst zurückführen würden.«

Ob sich die Polizeibeamten und die Lebensgefährtin eines der Polizeibeamten darüber tatsächlich Gedanken gemacht haben, kann niemand wirklich wissen. Da Richterinnen und Richter Angeklagten nicht in den Kopf gucken können, muss aus den Umständen auf ihr Innenleben geschlossen werden. Hier ist das Einfallstor für einen ergebnisorientierten Entscheidungsvorgang, der – bewusst oder unbewusst – durch bestimmte Vorannahmen motiviert sein kann, zum Beispiel, dass Polizistinnen und Polizisten ja grundsätzlich auf dem Boden des Grundgesetzes stehen. Man hätte also freilich auch ein anderes Bild zeichnen können. Es scheint jedenfalls symptomatisch, wenn das Gericht etwa den Umstand, dass eine Weiterleitung der Inhalte im gesamten Nachrichtenverlauf nicht thematisiert wurde, als Indiz für die Annahme wertet, dass die Polizeibeamten nicht mit einer Weiterleitung gerechnet hätten. Denn genauso wenig wurde im Chatverlauf irgendwann explizit eine Vertraulichkeit thematisiert. Für das Gericht war das aber irrelevant. Andere naheliegende Schlüsse wurden nicht gezogen. Zum Beispiel: Wenn eine potenzielle Weiterleitung für die Polizeibeamten doch so existenzbedrohend gewesen war, wieso hat man, um ganz sicherzugehen, die Bilder nach einiger Zeit nicht wieder gelöscht, was bei WhatsApp seit dem Jahr 2017 möglich ist?

Ausweitung der Strafbarkeit?

Man könnte nach alledem meinen, dass vielleicht das Strafrecht das Problem ist und man es einfach so ändern sollte, dass das Einstellen derartiger Inhalte in private Chatgruppen von Polizeibeamten von den Gerichten künftig als strafbar bewertet werden muss. Und tatsächlich beschloss der Bundesrat auf Anregung der Länder Nordrhein-Westfalen und Schleswig-Holstein bereits im Oktober 2023, einen Gesetzesentwurf in den Bundestag einzubringen, demzufolge die Verwendung volksverhetzender Inhalte und verfassungswidriger Kennzeichen im Dienst unter Strafe gestellt wird. Die Länder erhofften sich von der Einführung der neuen Strafvorschrift eine abschreckende Wirkung.

Die Einführung einer solchen Strafvorschrift wäre aber vor allem Symbolpolitik, da sich eine abschreckende Wirkung von Strafverschärfungen oder der Einführung neuer Straftatbestände trotz gegenteiliger landläufiger Meinung empirisch nie bestätigt hat. Strafrechtliche Symbolik ist nicht grundsätzlich schlecht, weil mit dem gemeinhin als »schärfstes Schwert des Staates« bezeichneten Strafrecht die Ernsthaftigkeit des Themas zum Ausdruck gebracht und das Unrecht derartiger Verhaltensweisen an die Gesellschaft kommuniziert werden kann. Sie kann aber auch dysfunktionale Effekte haben. Denn in dem Glauben, mit dem »schärfsten Schwert des Staates« das Notwendige und Richtige zu tun, wird möglicherweise das eigentlich Erforderliche nicht mehr angegangen. Und das wäre ein breiter gesellschaftlicher Diskurs über rechte Strukturen in der Polizei und die Etablierung einer Fehlerkultur.

Verfahren: Oberlandesgericht Frankfurt, 1. Strafsenat, Beschluss vom 8. Juli 2024, Aktenzeichen 1 Ws 171/23 u.a.; Vorinstanz: Landgericht Frankfurt, 6. Strafkammer, Beschluss vom 13. Februar 2023, Aktenzeichen 5/6 KLs 6110 Js 249194/18–1/22.

Literatur: Laura Wisser, Düsseldorfs Polizei straft Whistleblowerin ab, in: Recht gegen rechts, Report 2022, S. 85–91; Max Kolter, Rechtsextreme Polizeichats nur private »Belustigung«, Legal Tribune Online vom 15. Juli 2024.

ANTISEMITISMUS

Zwei Jahrzehnte zu spät

Zum Verbot des Islamischen Zentrums Hamburg

von Sabine Leutheusser-Schnarrenberger

Die blaue Moschee in Hamburg ist Vergangenheit. Über 60 Jahre lang galt sie als europäisches Zentrum eines Teils der Schiiten. Mit dem Verbot ihres Trägervereins – dem Islamischen Zentrum Hamburg (IZH) – wurde auch das Vereinsvermögen beschlagnahmt. Am 26. Juni 2024 entschied das Bundesinnenministerium, das IZH und seine Teilorganisationen zu verbieten. Schon seit langem bestand der Verdacht, dass das IZH eine extremistisch-islamistische Einrichtung des iranischen Regimes ist, die sich als interkulturelle und interreligiöse Begegnungsstätte tarnt.

Frühe Warnungen ignoriert: Der lange Weg zum Verbot

Dass das IZH für die verfassungsmäßige Ordnung gefährlich werden kann, beschreibt der Verfassungsschutz schon seit Jahren. Seit dem ersten öffentlichen Hamburger Verfassungsschutzbericht von 1993 berichtet er über das IZH. Unter Beobachtung des Verfassungsschutzes stand es schon vorher. Politiker quer durch das Parteienspektrum, Jüdinnen und Juden, Iraner und Iranerinnen im Exil warnten immer wieder vor der Gefahr, die von ihm ausgeht.

Jahrzehntelang konnte das IZH aktiv bleiben, sogar als Gründungsmitglied im Zentralrat der Muslime in Deutschland und im Rat der islamischen Gemeinschaften in Hamburg. So hatte es auch Einfluss auf den islamischen Religionsunterricht an Hamburger Schulen.

Nach dem Tod der 22-jährigen Jina Mahsa Amini gehen in Teheran Zehntausende Iranerinnen und Iraner auf die Straße und protestierten für »Frau – Leben – Freiheit«. Um die Protestbewegung im Iran zu unterstützen und Druck auf das Regime in Teheran zu erhöhen, forderten die drei Fraktionen von SPD, Bündnis 90/Die Grünen und FDP, »zu prüfen, ob und wie das ›Islamische Zentrum Hamburg‹ als Drehscheibe der Operationen des iranischen Regimes in Deutschland geschlossen werden kann«. Es bedurfte eines Antrages der drei Fraktionen im November 2022, damit das Bundesinnenministerium ein Vereinsverbotsprüfverfahren einleitete. Das Bundesinnenministerium wurde also erst intensiv tätig, als die gewaltsame Bekämpfung der iranischen Opposition Schlagzeilen machte. Jahrelang haben die Behörden abgewogen, auch die Hamburger Politik war zum Teil sehr vorsichtig.

Im Juni 2023 entschied das Verwaltungsgericht Hamburg, dass der Verfassungsschutz das IZH als extremistische, vom Iran gesteuerte Einrichtung und extremistische Gruppierung einstufen und darüber öffentlich berichten darf.

Am 7. Oktober 2023 überfiel die Hamas Israel und verübte die schlimmsten Massaker an Juden und Jüdinnen seit der Schoah. Im darauffolgenden November ordnete das Bundesinnenministerium eine bundesweite Großrazzia im Rahmen des Verbotsverfahrens des IZH an. Dabei wurden 55 Objekte in sieben Bundesländern durchsucht. Nach dem Messerangriff in Mannheim am 31. Mai 2024 gewann die Debatte um das Verbot extremistischer islamistischer Vereinigungen erneut an Bedeutung und mündete dann in dem Verbot – ein längst überfälliger Schritt.

Vereinsverbote als Schutzinstrument der wehrhaften Demokratie

Vereinsverbote greifen empfindlich in die Grundrechte der Betroffenen ein. Das Grundgesetz sieht den Menschen als soziales Wesen mit dem Bedürfnis, sich mit anderen zusammenzuschließen, und begreift die Vereinigungsfreiheit als für einen demokratischen Rechtsstaat unentbehrlich. Zur Demokratie gehören mehr als freie und geheime Wahlen. Sie lebt davon, dass Menschen ihre Meinungen, Interessen und Überzeugungen kollektiv vertreten und öffentlich verteidigen können, um angesichts vielfältiger Interessen zu einem Kompromiss zu kommen. Jeder Eingriff in Grundrechte bedarf einer fundierten Begründung, einer gesetzlichen Legitimation und einer sorgfältigen Abwägung mit den Grundrechten Dritter. Das Grundgesetz hat die Konzeption der wehrhaften Demokratie, zu dem ein funktionierender Rechtsstaat gehört, gewählt, um Demokratiefeinden wirkungsvoll entgegentreten zu können. Demokratien tragen die Möglichkeit ihrer eigenen Abschaffung in sich, wenn sich Demokratiefeinde instrumentell ihrer Mittel bedienen. Umso wichtiger ist es, dass eine aufgeklärte, engagierte Zivilgesellschaft, dass möglichst viele Bürgerinnen und Bürger sich für die Demokratie starkmachen. Gesetze allein reichen zum Schutz der Demokratie nicht aus.

Verfassungsfeinde sollten nie wieder unter Berufung auf Grundrechte und unter ihrem Schutz die Verfassungsordnung und den Bestand des Staates angreifen und zerstören können. Deshalb haben nach dem Grundgesetz zwar alle das Recht, Vereinigungen zu bilden. Vereinigungen, die sich gegen die verfassungsmäßige Ordnung oder gegen den Gedanken der Völkerverständigung richten oder deren Zwecke oder deren Tätigkeit den Strafgesetzen zuwiderlaufen, sollten aber verboten werden können. So formuliert es Artikel 9 Absatz 2 Grundgesetz.

Dreifache Bedrohung: Warum das IZH verboten werden musste

Das Bundesinnenministerium geht davon aus, dass das IZH nicht nur einen, sondern alle drei Gründe für ein Verbot erfüllt. Die Verbotsverfügung selbst enthält keine detaillierte Begründung. Liest man die Pressemitteilung des Bundesinnenministeriums vom 24. Juli 2024 und die Rechtsprechung über die Voraussetzungen eines Vereinsverbotes zusammen, wird jedoch deutlich, wie gefährlich die Verbindung wirklich ist und warum das Verbot ergehen musste:

Die Vereinigung richtet sich gegen die verfassungsmäßige Ordnung? Dann reicht nicht aus, dass die Vereinigung sie lediglich ablehnt und ihr andere Grundsätze entgegenstellt. Sie muss ihre verfassungsfeindlichen Ziele in kämpferisch-aggressiver Weise verwirklichen, wenigstens muss sie die verfassungsmäßige Ordnung fortlaufend untergraben wollen. Laut der Pressemitteilung des Bundesinnenministeriums bekomme das IZH direkte Anweisungen vom »Obersten Revolutionsführer«, »sich intensiv und unerschütterlich für die Grundlagen der Revolution einzusetzen, ohne Kompromisse einzugehen«. Das IZH verfolge aggressiv-kämpferisch das Ziel, die verfassungsmäßige Ordnung durch eine Staats- und Gesellschaftsordnung nach dem Vorbild der Islamischen Revolution zu ersetzen. Zudem propagiere es aggressiv Antisemitismus und vertreibe entsprechende Schriften.

Es wurde aber auch festgestellt, dass die Vereinigung sich gegen den Gedanken der Völkerverständigung richtet. Davon ist auszugehen, wenn die Vereinigung von Zwecken oder durch Tätigkeiten geprägt wird, die der friedlichen Überwindung der Interessengegensätze von Völkern zuwiderlaufen. Das ist besonders der Fall, wenn Gewalt in das Verhältnis der Völker hineingetragen wird. So wenn das Existenzrechtes eines Staates vor dem Hintergrund eines Konfliktes zwischen zwei Völkern verneint und dazu aufgerufen wird, diesen gewaltsam zu beseitigen oder Menschen zu töten. Es ist auch dann der Fall, wenn eine Vereinigung terroristische Organisationen finanziell unterstützt und billigt, dass diese den Gedanken der Völkerverständigung schwer beeinträchtigen. Das Bundesinnenministerium nimmt ausweislich der Pressemitteilung an, dass das IZH die »Achse des Widerstandes« und das Bündnis mit der verbotenen terroristischen Vereinigung Hisbollah mittrage und fördere. Das IZH tue dies im Wissen um deren Ideologie und Ziele, insbesondere um deren andauernden bewaffneten Kampf gegen den Staat Israel. Der Spiegel berichtete am 9. August 2024 über die zugrundeliegenden Ermittlungsergebnisse. Danach besuchte ein Hisbollah-Funktionär, dessen Handynummer Leiter und Mitarbeitende des IZH in ihren Handys eingespeichert hatten, 2016 das IZH. Er überbrachte dabei »Dank und Anerkennung« der Hisbollah für die geleistete »finanzielle, moralische und beratende Unterstützung«. Nach dem 7. Oktober 2023 sei der Leiter des IZH vom Revolutionsbüro angewiesen worden, die Notwendigkeit eines »langen Krieges an allen Fronten, sowohl politisch als auch militärisch« zu betonen.

Sobald festgestellt ist, dass eine Vereinigung einen der Verbotsgründe des Artikels 9 Absatz 2 Grundgesetz erfüllt, muss sie verboten werden. Erst wenn der Staat das Verbot offiziell ausspricht, darf die Vereinigung als verboten behandelt werden. Die Verfassung schützt sich nicht von allein vor verfassungsfeindlichen Vereinigungen – der Staat muss sie aktiv verteidigen. Wenn die Demokratie bedroht wird, sollte sie nicht nur in der Lage sein, sich zu verteidigen, sondern muss auch aktiv handeln. Gegen das IZH ist das erfolgt.

Über das Verbot hinaus: Haltung gegen Ideologien des Hasses

Doch damit ist die Geschichte des IZH nicht zu Ende. Nicht nur, weil das IZH gegen das Verbot klagt, sondern weil die vom IZH vertretenen Ideologien und Bestrebungen mit dem Verbot der Organisationsform nicht aus den Köpfen der Anhänger verschwunden sind und weiter Zuspruch erhalten.

Nach dem brutalen Angriff vom 7. Oktober 2023 folgten und folgen weltweit antisemitische Angriffe gegen Jüdinnen und Juden. In Deutschland werden Synagogen, jüdische Kindergärten, Schulen und Altenheime schon seit Jahren mit Videokameras, Sicherheitsschleusen und Polizeischutz gesichert. Jüdisches Leben wird zunehmend bedroht, und diese Bedrohung kommt aus allen Teilen der Gesellschaft. Antisemitismus ist in seinen verschiedenen Ausprägungen bei rechtsextremistischen, linksextremistischen und islamistischen Ideologien andockfähig. Der Nahostkonflikt, die derzeitige Unversöhnlichkeit vieler Beteiligter und der von Terrororganisationen betriebene Kampf gegen den Staat Israel, gegen seine Existenz, haben unmittelbare Auswirkungen auf Deutschland.

Die Gefährlichkeit des Irans und der »Achse des Widerstandes« zeigen sich nicht nur in dem andauernden Terrorkrieg gegen Israel, sondern auch darin, dass die Menschen in Israel selbst nach dem 7. Oktober 2023 fürchten müssen, allein gegen ihre Feinde zu stehen. Die iranische Propaganda gegen das Existenzrecht Israels hetzt auf. Jüdinnen und Juden in Deutschland müssen sich darauf verlassen können, dass Politiker, Institutionen und viele Menschen ihnen bei Angriffen beistehen werden. Leider fehlt es immer wieder an der Umsetzung des uneingeschränkten Versprechens, das mit dem Begriff »Staatsräson« gegeben wurde.

Das Verbot des Islamischen Zentrums Hamburg ist wichtig, aber es reicht nicht aus. Um den Hass, der auch aus der Mitte der Gesellschaft kommt, zu bekämpfen, braucht es mehr als eine verfassungsmäßige Ordnung. Es braucht eine Gesellschaft, die eindeutig Haltung zeigt.

Verfahren/Entscheidung: Bundesinnenministerium des Inneren und für Heimat, Bekanntmachung eines Vereinsverbots gegen die Vereinigung Islamisches Zentrum Hamburg e.V. (IZH), 26. Juni 2024, BAnz AT 24.07.2024 B1; Antrag der Fraktionen SPD, BÜNDNIS 90/DIE GRÜNEN und FDP: Protestbewegung im Iran unterstützen – Druck auf das Regime in Teheran erhöhen, Bundestags-Drucksache, 20/4329 vom 8. November 2022.

Literatur: Hubert Gude & Wolf Wiedmann-Schmidt, WhatsApp aus Teheran, Der Spiegel vom 9.8.2024.

»From the river to the sea«

Rechtsunsicherheit vom Inn bis zur Nordsee

von Max Kolter

Jubel an der Ecke Sonnenallee/Reuterstraße in Berlin-Neukölln. Palästina-Flaggen werden geschwenkt, »Intifada«-Rufe erklingen. Es ist der 7. Oktober 2023, wenige Stunden nach Beginn des Terrorangriffs der Hamas auf Israel, bei dem 1139 Menschen, unter ihnen 695 israelische Zivilist:innen, getötet werden und die Hamas 250 Menschen als Geiseln nimmt. Eine Gruppe von etwa 65 Personen feiert dies in Neukölln, das Hamas-nahe Netzwerk Samidoun überträgt obendrein live auf Instagram.

Der israelische Botschafter Ron Prosor fordert daraufhin eine Bestrafung der Terror-Sympathisant:innen. Eine Strafe wegen Volksverhetzung, definiert in Paragraph 130 des Strafgesetzbuchs, scheidet allerdings wohl aus. Denn dazu müsste es hier eindeutig um Hetze gegen einen inländischen Bevölkerungsteil gehen, nicht um Freude über Gräuel im Ausland. Nahe liegt hingegen eine »Billigung von Straftaten«, ein Delikt nach Paragraph 140 Strafgesetzbuch. Trotz des unverblümten Terror-Jubels bestätigte die Berliner Polizei erst nach anfänglichem Zögern einen solchen Anfangsverdacht gegen mehrere Demo-Teilnehmende. Der Anknüpfungspunkt: Es war auch die

Parole »From the river to the sea, Palestine will be free« skandiert worden. Ein Ausspruch, der bis 2022 nicht strafrechtlich verfolgt und auch danach regelmäßig als straflos bewertet worden war.

»From the river to the sea …«: Der Slogan bedeutet auf Deutsch etwa: »Vom Fluss bis zum Meer, Palästina wird frei sein«. Gemeint ist der Fluss Jordan und das Mittelmeer. Dies ist das geographische Gebiet, auf dem sich heute der Staat Israel sowie die besetzten palästinensischen Gebiete befinden. Dass »Palästina« hier »frei« sein soll, kann man auf verschiedene Weise interpretieren. Ob damit ein Aufruf zur gewaltsamen Beseitigung Israels gemeint ist oder lediglich der Wunsch nach diplomatischen Lösungen und politischen Reformen, ist nicht ganz klar. Zu viel Rechtsunsicherheit für Versammlungsbehörden, Polizei und Justiz, fand das Bundesinnenministerium (BMI). Deshalb stufte es in dem gegen Hamas am 2. November 2023 erlassenen Betätigungsverbot die Wortfolge »vom Fluss bis zum Meer« kurzerhand als Kennzeichen dieser Terrororganisation ein, egal ob auf Deutsch, Englisch, Arabisch. Die Äußerung sollte damit als Verwendung von Kennzeichen einer verbotenen beziehungsweise terroristischen Organisation nach den Paragraphen 86 und 86a Strafgesetzbuch verfolgbar sein – ähnlich wie Hakenkreuz und Hitlergruß.

Doch auch ein Jahr später ist keine einheitliche Linie in der Rechtsprechung erkennbar.

Das Bundesinnenministerium zeigt sich streng

Mittlerweile dürften deutschlandweit mehrere Hundert Strafverfahren wegen der Parole anhängig sein. Auch die Verwaltungsgerichte haben immer wieder damit zu tun, wenn Versammlungsbehörden die Äußerung der Parole untersagen und Veranstalter:innen im Eilverfahren gegen die Auflage vorgehen.

Einige Straf- und Verwaltungsgerichte folgen der Auffassung des Innenministeriums, so etwa das Amtsgericht Karlsruhe und das Amtsgericht Düsseldorf per Urteil und eine Reihe weiterer Amtsgerichte per Strafbefehl. Auch das Verwaltungsgericht Berlin schloss sich an, der 14. Senat des Verwaltungsgerichtshofs Baden-Württemberg und der Bayerische Verwaltungsgerichtshof halten die Zuordnung der Parole zur Hamas für richtig, räumen aber ein, dass die Strafbarkeit kein Automatismus ist. Der 2. Senat des Verwaltungsgerichtshofs Baden-Württemberg, das Oberverwaltungsgericht Nordrhein-Westfalen und das Oberverwaltungsgericht Bremen ließen die Strafbarkeit offen, gaben aber im Rahmen der summarischen Folgenabwägung dem Interesse am Vollzug des Verbots den Vorrang.

Andere Verwaltungsgerichte gingen von der Straflosigkeit aus, so etwa der Hessische Verwaltungsgerichtshof und zuvor das Verwaltungsgericht Frankfurt am Main. Das Verwaltungsgericht Freiburg ließ die Strafbarkeit offen, entschied aber zugunsten der Meinungsfreiheit.

Viele Strafgerichte stellen auf den Einzelfall ab: So verurteilte das Amtsgericht Berlin-Tiergarten wegen Äußerung der Parole vier Tage nach dem Hamas-Angriff wegen »Billigung von Straftaten«, zweifelte aber am Vorsatz für das Verwenden von Symbolen einer verbotenen Organisation; der Fall geht in die Berufung. Umgekehrt entschied die 5. Strafkammer des Landgerichts Mannheim in einem viel beachteten rechtskräftigen Beschluss, kein Hauptverfahren zu eröffnen, weil es an einem hinreichenden Tatverdacht einer Straftat fehle. Das dortige Amtsgericht hat ebenfalls schon mindestens zweimal den Erlass eines Strafbefehls abgelehnt; eine Beschwerde ist noch beim Landgericht anhängig. Auch zwei unterschiedliche Abteilungen des Amtsgerichts Berlin-Tiergarten lehnten zuletzt den Erlass eines Strafbefehls ab. Das Amtsgericht Essen sprach einen Angeklagten frei; die Staatsanwaltschaft ist in Revision gegangen.

Die Gründe für diese Uneinigkeit auch zwischen Verwaltungs- und Strafgerichten beziehen sich auf drei Aspekte: die Einschätzung des Bundesinnenministeriums, die Hamas-Charta von 2017 sowie die Reichweite und Wirkweise der Meinungsfreiheit.

Im Ausgangspunkt besteht unter den Gerichten Einigkeit: Die Zuordnung der Parole zur Hamas durch das Innenministerium ist nur eine ministerielle Meinungsäußerung. Die Gerichte dürfen und müssen selbst prüfen, ob die Voraussetzungen der Paragraphen 86 und 86a Strafgesetzbuch vorliegen, also ob es sich bei der Fluss-Meer-Metapher um ein Kennzeichen handelt und ob es ein solches der Hamas ist. Dennoch »stützt« etwa der 2. Senat des Verwaltungsgerichtshofs Baden-Württemberg seine Auffassung, die Parole sei der Hamas zuzuordnen, auf die Verbotsverfügung des Innenministeriums, weil diese »auf Ermittlungen und einer gewissen Sachkunde beruht«. Auch der 14. Senat des Verwaltungsgerichtshofs vermutet die Richtigkeit der ministeriellen Einschätzung und verlangt »durchgreifende Anhaltspunkte dafür, dass diese Zuordnung materiell fehlerhaft sein könnte«. Solche seien nicht ersichtlich. Für das Amtsgericht Düsseldorf ist die Auffassung des Ministeriums immerhin ein »gewichtiges Indiz«.

Das Landgericht Mannheim dagegen betont: Die verbotene Organisation müsse sich ein Kennzeichen selbst zu eigen machen; eine »Zuschreibung durch Außenstehende« wie ein Bundesministerium genüge nicht. Das Verwaltungsgericht Frankfurt sieht in der pauschalen Zuordnung von Fluss-Meer-Aussagen zur Hamas eine Verletzung der Meinungsfreiheit, es hält die ministerielle Verfügung daher sogar für möglicherweise »teilnichtig«, ebenso die 235. Abteilung des Amtsgerichts Tiergarten.

Eine biblische Gebietsbeschreibung als Parole

In der Sache argumentieren das Bundesinnenministerium und die ihm folgenden Behörden und Gerichte damit, dass die Parole in der Hamas-Charta von 2017 stehe. Das dürfte dann für eine Zuordnung reichen, denn die Rechtsprechung fordert nur, dass sich die verbotene Organisation den Slogan durch Übung, also durch praktisches Sprechen, zu eigen gemacht hat. Ob auch andere Gruppen den Ausspruch in anderem Kontext nutzen, ist unerheblich.

Allerdings lautet der Satz in Artikel 20 der Charta nicht »From the river to the sea, Palestine will be free«, sondern: »Hamas rejects any alternative to the full and complete liberation of Palestine, from the river to the sea.« In der arabischen Fassung heißt es: »von seinem Fluss bis zu seinem Meer«.

Für das Landgericht Mannheim sind diese Abweichungen wesentlich – es handle sich dann eben nicht mehr um dieselbe Parole. Den im Englischen übereinstimmenden Satzteil »from the river to the sea« wertet die Kammer als reine Gebietsbeschreibung, nicht als »motivierenden Leitspruch« und deshalb auch nicht als Parole im Sinne des Paragraphen 86a Absatz 2 Strafgesetzbuch. Den 14. Senat des Verwaltungsgerichtshofs Mannheim überzeugt die Differenzierung zwischen beschreibenden und sonstigen Elementen der Parole nicht, als er drei Wochen später abweichend entscheidet. Auf die Wortlautdifferenzen zwischen Demo-Version und Hamas-Charta geht er dabei nicht ein.

Mit der Historie der Parole hat sich bislang kein Gericht im Detail auseinandergesetzt. Dabei dürfte diese sowohl für die Auslegung im Rahmen der Paragraphen 130 und 140 als auch für die Kennzeichen-Eigenschaft und -Zuordnung im Paragraph 86a Strafgesetzbuch relevant sein. Dass allein die Fluss-Meer-Formel ein Hamas-Symbol sein soll, wird dadurch in Zweifel gezogen, was Joseph Croitoru, Historiker und Hamas-Experte, in einem neueren *Zeit*-Artikel über die Geschichte der Parole schreibt: Schon in der hebräischen Bibel finde man Gebietsbeschreibungen anhand von Fluss und Meer. Zuerst nutzten Zionist:innen diese Metaphorik, um Territorialansprüche zu formulieren. Eine besondere Bedeutung auf arabisch-palästinensischer Seite entfaltete sie erst in Reaktion darauf. Allerdings machte die PLO, die Palästinensische Befreiungsorganisation, die Langfassung dieser Parole – mit dem Zusatz »Palestine will be free« – in den 1960ern populär. Auf Palästina-solidarischen Protesten in den USA tauchte sie laut Croitoru ab den 2000er Jahren vermehrt auf. Die Hamas wurde erst 1987 gegründet. Schon zehn Jahre zuvor allerdings, 1977, fand die Formulierung auch Eingang in das Parteiprogramm der israelischen rechtsnationalen Likud-Partei, wo es heißt: »Zwischen dem Meer und dem Jordan wird es nur israelische Souveränität geben.«

Stuft man den Spruch als Hamas-Kennzeichen ein, scheint der Strafbarkeit nichts mehr im Weg zu stehen. Die Gerichte bräuchten dann auch kaum je darauf zu hören, wenn ein Beschuldigter sagt, er habe ja keine Ahnung gehabt, was es mit diesem Satz auf sich habe – denn inzwischen wird über die Parole in der Öffentlichkeit recht breit diskutiert. Höchstens bei Touristen könnte diese Ausrede einmal akzeptabel sein, so wie bei den schottischen Fußballfans, die im Rahmen des Champions-League-Spiels beim BVB die Härte des Rechtsstaats zu spüren bekamen.

Ausweg: Meinungsfreiheit?

Bleibt noch die Meinungsfreiheit – wirklich berücksichtigt wird sie im Rahmen der Kennzeichen-Prüfung nicht, laut Bundesverfassungsgericht ist sie bei Äußerungsdelikten aber stets zu beachten. Möglich ist das im Rahmen eines Tatbestandsausschlusses, wenn die Äußerung nicht in propagandistischer Absicht gebraucht wird, sondern eher in aufklärerischer, nüchtern-distanzierter Absicht. Bei NS-Symbolen verlangen Gerichte dafür, dass der sich Äußernde seine Ablehnung der NS-Ideologie klar zum Ausdruck bringt. Wer mit der Parole zugleich deutlich macht, den Hamas-Terror abzulehnen, bleibt wohl straflos.

Das schränkt die Meinungsfreiheit Palästina-solidarischer Gruppen noch immer zu sehr ein, finden der Verwaltungsgerichtshof Hessen und das Landgericht Mannheim. Strafbar solle die Äußerung der Parole nur sein, wenn sie einen klar erkennbaren Bezug zur Hamas-Ideologie hat. Das Oberverwaltungsgericht Bremen, der Verwaltungsgerichtshof Baden-Württemberg und das Verwaltungsgericht Düsseldorf meinen hingegen, eine Strafbarkeit entfalle nur, wenn ausnahmsweise Anhaltspunkte vorliegen, dass der Organisationsbezug fehle. Bei einer Versammlung zum Nahostkonflikt sei die Parole im Regelfall als Unterstützung der Hamas auszulegen. Der Bayerische Verwaltungsgerichtshof betont die Pflicht der Versammlungsbehörde, den Organisationsbezug konkret zu begründen.

Nach diesem Maßstab kommt es auf die konkrete Bedeutung der Parole im Einzelfall an. Dann werden auch die weiteren Zusätze relevant. Die auf Demos mittlerweile verbreitete Variante »From the river to the sea, we demand equality« müsste jedenfalls nach den Maßstäben des Landgerichts Mannheim, Verwaltungsgerichtshofs Hessen und Verwaltungsgerichtshofs Bayern straflos sein. Was den üblichen Zusatz »Palestine will be free« angeht, werden sich die Gerichte voraussichtlich weiter darüber streiten, ob darin nichts anderes als ein Aufruf zur Vernichtung Israels und zu Gewalt gegenüber seinen Bewohnern zu sehen ist – oder ob auch Hoffnungen auf eine Zwei-Staaten-Lösung oder einen säkularen Staat für alle seine Bewohner:innen vom Wortlaut gedeckt sind.

In Fällen wie auf der Samidoun-Demo vom 7. Oktober 2023 jedoch gibt es wenig auszulegen, Jubel über Hamas-Terror ist strafbar. Allerdings schon nach Paragraph 140 Strafgesetzbuch, als »Billigung von Straftaten« – dafür hätte es die umstrittene Verfügung des Bundesinnenministeriums nicht gebraucht. Der Versuch des Ministeriums, den Slogan per Verwaltungsakt pauschal zu kriminalisieren, geht bislang nur teilweise auf. Beschäftigen wird er die Justiz dafür noch lange.

Verfahren: Amtsgericht Karlsruhe, Aktenzeichen 9 Cs 550 Js 54799/24; Amtsgericht Düsseldorf, Aktenzeichen 114 Cs 80 Js 169/24–208/24; Verwaltungsgericht Berlin, Aktenzeichen 1 L 507/23; Verwaltungsgerichtshof Baden-Württemberg, Aktenzeichen 14 S 956/24; Bayerischer Verwaltungsgerichtshof, Aktenzeichen 10 CS 24.1062 und 10 CS 24.1382; Verwaltungsgerichtshof Baden-Württemberg, Aktenzeichen 2 S 496/24; Oberverwaltungsgericht Nordrhein-Westfalen, Aktenzeichen 15 B 1323/23; Oberverwaltungsgericht Bremen, Aktenzeichen 1 B 163/24; Hessischer Verwaltungsgerichtshof, Aktenzeichen 8 B 560/24; Verwaltungsgericht Frankfurt am Main, Aktenzeichen 5 L 940/24.F; Verwaltungsgericht Freiburg, Aktenzeichen 4 K 1340/24; Amtsgericht Berlin-Tiergarten, Aktenzeichen 261b Cs 1037/24, 235 Cs 1055/24 und 274 Cs 1093/24; Landgericht Mannheim, Aktenzeichen 5 Qs 42/23; Amtsgericht Essen, Aktenzeichen Cs 29 Js 11/24.

Literatur: Joseph Croitoru, Ein Spruch im Fluss, Zeit Online vom 11. Juni 2024.

REVISIONISMUS

Rassismus in Gruppenchats ist keine Privatsache.

Harte dienstrechtliche Konsequenzen gegen Polizeibeamte nach rechtsextremen Postings

von Andreas Nitschke

In den letzten Jahren mehrten sich vor den Gerichten Fälle, in denen Beamt*innen oder Beamtenanwärter*innen wegen rechtsextremer Äußerungen in Chatgruppen oder den sozialen Medien dienstrechtlich zur Verantwortung gezogen wurden (siehe in diesem Band auch *Fynn Wenglarczyk zum* Komplex Frankfurter »Itiotentreff«, Menschenverachtend, rechtsextrem, antisemitisch, rassistisch, aber straflos?). Auch in auf den ersten Blick eindeutig erscheinenden Konstellationen stellen sich bei der rechtlichen Bewertung regelmäßig herausfordernde juristische Abgrenzungsfragen. Dem Verwaltungsgerichtshof Hessen gelang mit seiner Entscheidung vom 12. Februar 2024 eine anschauliche Darstellung der rechtlichen Komplexität dieser sogenannten »Nazi-Chat«-Fälle.

Ein Polizeihauptkommissar und Dienstgruppenleiter war über mehrere Jahre in diversen Chatgruppen aktiv, in denen er in großer Anzahl zutiefst rassistische und menschenverachtende Bild- und Textnachrichten verschickte oder kommentierte. So beispielsweise die Fotomontage eines Überraschungseis mit einem Handgranatenkopf nebst Abzugshaken und der Aufschrift »Ausländer Überraschung« sowie der Überschrift »Sonderedition Asylanten Spannung, Spiel und weg«. Oder eine Audiodatei, auf der ein bekanntes Adventsgedicht mit abgeändertem Text zu hören war: »Advent, Advent, ein Achmed brennt, erst Ali, Ibu, Mustafa, ich hab Benzin für alle da. Was sagt uns dieser kleine Test? Kanaken sind nicht feuerfest.«

Der Verwaltungsgerichtshof Hessen stellte zur Vielzahl der eindeutigen Äußerungen in Übereinstimmung mit der Vorinstanz fest, dass »jedenfalls in der Zusammenschau ein mit der Treuepflicht nicht zu vereinbarendes ausländerfeindliches, den Nationalsozialismus und die damit einhergehende Gewaltherrschaft verharmlosendes oder gar verherrlichendes sowie menschenverachtendes Weltbild« vorlag. Er bestätigte daher den gegen den Beamten anlässlich seiner vorläufigen Dienstenthebung ausgesprochenen Einbehalt eines signifikanten Teils seiner Dienstbezüge. Hierbei handelt es sich um eine Maßnahme, die während eines Disziplinarverfahrens sowohl während als auch nach der Dienstenthebung ausgesprochen werden kann, wenn die Behörde davon ausgeht, dass am Ende des Verfahrens eine einschneidende Disziplinarmaßnahme verhängt werden wird; hier die Entfernung aus dem Staatsdienst.

Verfassungstreuepflicht von Staatsdiener*innen

Nach überzeugender Auffassung des Gerichts besteht aufgrund des Gesamtverhaltens des Beamten ein hinreichender Wahrscheinlichkeitsgrad dafür, dass ein schwerwiegendes Dienstvergehen vorliegt.

Sowohl in objektiver als auch in subjektiver Hinsicht spricht nahezu alles für einen Verstoß gegen die sogenannte Verfassungstreuepflicht. Danach müssen sich Beamt*innen durch ihr gesamtes Verhalten zur freiheitlichen demokratischen Grundordnung bekennen und für deren Erhaltung eintreten. Seit der grundlegenden Entscheidung des Bundesverfassungsgerichts zum zweiten NPD-Verbotsverfahren aus dem Jahr 2017 fallen hierunter die Menschenwürde (als Ausgangspunkt), das Demokratie- sowie das Rechtsstaatsprinzip.

Aus Laienperspektive dürfte außer Frage stehen, dass Postings wie die vorliegenden weder als Eintreten für noch als Bekenntnis zur Menschenwürde zu werten, sondern gerade als das Gegenteil davon zu verstehen sind. Die Anforderungen an dienstrechtliche Konsequenzen gestalten sich aber diffiziler, da im Lichte des Grundrechteschutzes eine hohe Messlatte anzulegen ist.

Gerade in Bezug auf die objektive Komponente des Verhaltens kommt der Meinungsfreiheit besondere Bedeutung zu. So muss bei der in Rede stehenden Äußerung geprüft werden, ob auch andere Deutungen möglich sind. Dabei ist vor allem der gesellschaftliche, soziale und politische Kontext zu berücksichtigen und zu klären, ob sie nicht vielmehr als spielerisch-scherzhaft eingekleideter, derber Humor im Rahmen eines Überbietungswettbewerbs oder gar als Parodie zu werten ist (siehe hierzu den Beitrag von *Maryam Kamil Abdulsalam* im Report 2023, S. 239ff.). Der Gefahr der auf der Hand liegenden Schutzbehauptungen ist dabei ebenso zu begegnen wie einer pauschalen Vorverurteilung.

Der Verwaltungsgerichtshof Hessen ließ sich vorliegend nicht aufs Glatteis führen und bejahte angesichts der Häufigkeit und Eindeutigkeit überzeugend ein objektiv erkennbar nicht mit der Verfassungstreuepflicht in Einklang stehendes Verhalten: »Die Nachrichten zielten hinreichend wahrscheinlich darauf ab, Ausländer pauschal zu diffamieren (...)«, so die Richter*innen.

Im Beamtenrecht ist nach herrschender Ansicht für einen Verstoß gegen die Verfassungstreuepflicht darüber hinaus erforderlich, dass eine mit der freiheitlichen demokratischen Grundordnung nicht in Einklang zu bringende Gesinnung vorliegen muss. Auch wenn eine Aussage also objektiv der Verfassungstreuepflicht nicht entspricht, ist ein Verstoß gleichwohl zu verneinen, wenn der/die Beamt*in innerlich eben doch verfassungstreu ist.

Daher musste der Verwaltungsgerichtshof Hessen auch die Persönlichkeit des Beamten prüfen. Dies stellt die Richter*innen regelmäßig vor Herausforderungen, da sie sich dabei nur an äußeren Anhaltspunkten orientieren und diese bewerten können, um sodann Rückschlüsse auf die innere Einstellung zu ziehen. Das Gericht kam dabei vorliegend nach einer Gesamtschau zu dem Schluss, dass der Beamte seine Äußerungen auch genau so gemeint hat, wie sie getätigt wurden, und er über »ein mit der Treuepflicht nicht zu vereinbarendes ausländerfeindliches, den Nationalsozialismus und die damit einhergehende Gewaltherrschaft verharmlosendes oder gar verherrlichendes sowie menschenverachtendes Weltbild« verfügt. Begründet wurde dieses Ergebnis im Kontext des Gesamtverhaltens des Beamten wieder in erster Linie mit der Häufigkeit seiner Aussagen, die über einen jahrelangen Zeitraum erfolgten. Darüber hinaus habe der Beamte nicht darlegen können, dass und aus welchen Gründen genau sein Verhalten entgegen dem äußeren Eindruck lediglich als Scherz oder gar Parodie gemeint gewesen sei.

Radikalenbeschluss des Bundesverfassungsgerichts

Ist bereits die Ermittlung der inneren Einstellung herausfordernd, stellt sich namentlich bei Verhaltensweisen in Chatgruppen regelmäßig ein weiteres Problem. Dieses hat seinen Ursprung in der bis heute bedeutsamen »Radikalenentscheidung« des Bundesverfassungsgerichts aus dem Jahr 1975. Darin formulierte das Gericht folgende Hürde:

»Das bloße Haben einer Überzeugung und die bloße Mitteilung, daß man diese habe, ist niemals eine Verletzung der Treuepflicht, die dem Beamten auferlegt ist; dieser Tatbestand ist überschritten, wenn der Beamte aus seiner politischen Überzeugung Folgerungen für seine Einstellung gegenüber der verfassungsmäßigen Ordnung der Bundesrepublik Deutschland, für die Art der Erfüllung seiner Dienstpflichten, für den Umgang mit seinen Mitarbeitern oder für politische Aktivitäten im Sinne seiner politischen Überzeugung zieht.«

Gerade in Chatgruppen stellt sich damit stets die Frage, wann Postings entweder lediglich als ein (dienstrechtlich unbeachtliches) Mitteilen einer Überzeugung zu werten sind oder schon als ein (dienstrechtlich relevantes) Ziehen von Folgerungen. Jedenfalls auf den ersten Blick ließe sich durchaus erwägen, sämtliche Verhaltensweisen in Chatgruppen stets als bloße Mitteilungen anzusehen, da ja lediglich Nachrichten verschickt werden.

Im Lichte des im Grundgesetz normierten besonderen öffentlich-rechtlichen Dienst- und Treueverhältnisses, in dem die Beamtenschaft zu ihrem Dienstherrn und der Allgemeinheit steht, wird seitens der Rechtsprechung indes verschärfend auf den Inhalt der Äußerungen von Beamt*innen in Chatgruppen abgestellt. Hat eine objektiv und subjektiv gegen die Verfassungstreuepflicht verstoßende Äußerung entweder einen direkten

Bezug zur Dienstausübung oder ist sie aufgrund ihrer Intensität und Drastik als eine sogenannte plakative Kundgabe (also als besonders auffällig oder eine bestimmte Gesinnung gar zelebrierend zur Schau stellend) zu werten, so spricht einiges dafür, die Grenze vom bloßen Mitteilen einer Überzeugung zum Ziehen von Folgerungen als überschritten anzusehen und die dienstrechtliche Relevanz anzunehmen. Ein solches Verständnis lässt allerdings eine gewisse Vagheit zutage treten. Denn wann im Einzelfall eine solche plakative Kundgabe zu bejahen ist, dürfte in der Tat im Auge des jeweiligen Betrachtenden liegen. Umso bedeutsamer wird die Prüfung der Umstände des konkreten Einzelfalls.

Im vorliegenden Fall vertrat der Verwaltungsgerichtshof Hessen nachvollziehbar die Auffassung, dass die Schwelle zum Ziehen von Folgerungen überschritten ist. Wie schon im Rahmen der Prüfung der objektiven und subjektiven Komponente stellten die Richter*innen dabei auf die große Zahl und den langen Zeitraum der relevanten Äußerungen ab. Von entscheidendem Gewicht dürfte dabei die Intensität der Äußerungen gewesen sein, die seitens des Gerichts weder objektiv noch subjektiv als Humor eingestuft wurden, sondern vielmehr über das Äußern einer kritischen Einstellung spürbar hinausgingen und daher hinreichend plakativ gewesen sein dürften, da der Beamte seine Einstellung inszeniert und zelebriert hatte.

Keine Ahndung von vertraulichen Äußerungen

In Ausnahmefällen können indes auch objektiv und subjektiv nicht mit der Verfassungstreuepflicht in Einklang stehende Aussagen dienstrechtlich außer Betracht bleiben, wenn sie in einem vertraulichen Kreis gemacht werden und davon ausgegangen werden darf, dass sie nicht in die Öffentlichkeit weitergetragen werden. Ein entsprechend geschützter Bereich kann beispielsweise zwischen Familienmitgliedern angenommen werden oder auch zwischen Freund*innen. Vorliegend verneint das Gericht einen solchen vertraulichen Bereich, da in den relevanten Chatgruppen einerseits auch Praktikant*innen waren, andererseits Personen, die ungefragt in die Gruppe aufgenommen wurden. Eine Vertraulichkeit dürfte in der Tat bei einem derart weitgezogenen und offenbar willkürlich veränderten Personenkreis nicht mehr anzunehmen sein.

Schaffen Änderungen im Disziplinarrecht Abhilfe?

Der hier überblicksartig und vereinfacht dargestellte Vierschritt von (erstens) objektiver sowie (zweitens) subjektiver Verletzung der Treuepflicht bei (drittens) der Notwendigkeit, dass nicht nur ein dienstrechtlich unbeachtliches Mitteilen einer Überzeugung, sondern ein dienstrechtlich relevantes Ziehen von Folgerungen gegeben sein muss, sowie schließlich (viertens) keine Vertraulichkeit vorliegen darf, stellt sehr hohe Anforderungen an die Ahndung rassistischer Äußerungen von Beamt*innen in Chatgruppen. Umso wichtiger ist die genaue Arbeit bei der gebotenen disziplinarrechtlichen Verfolgung entsprechender Verhaltensweisen.

Vor dem Hintergrund der hier relevanten Verletzung der Verfassungstreuepflicht durch rassistische Chatnachrichten, die angesichts der deutlichen Ausführungen des Gerichts am Ende zur Höchstmaßnahme der Dienstentfernung führen dürfte, wird künftig für Beamt*innen des Bundes mit großer Wahrscheinlichkeit das sogenannte Dienstrechtsänderungsgesetz relevant werden. Danach können Bundesbeamt*innen seit April 2024 bereits durch die oberste Dienstbehörde aus dem Dienst entfernt werden (und damit gerade nicht mehr zwingend durch ein Gericht), so dass eine Disziplinarklage nicht mehr notwendig ist. Der Bundesgesetzgeber folgt damit dem Leitbild aus Baden-Württemberg und bezweckt mit dem Gesetz zum einen ein effektiveres Vorgehen gegen Verfassungsfeind*innen. Angesichts der Entwicklung der letzten Monate ist daher die Änderung, dass nunmehr auch die Verurteilung zu einer Freiheitsstrafe von sechs Monaten wegen Volksverhetzung zum Verlust der Beamtenrechte führt, verständlich. Zum anderen strebt der Gesetzgeber eine Verkürzung der Dauer von Disziplinarverfahren an. Namentlich bezüglich der Erreichung dieses Ziels werden nicht selten nachvollziehbare Bedenken vorgebracht, da sich Beamt*innen regelmäßig gegen eine Entfernung gerichtlich zur Wehr setzen werden, so dass eine Beschleunigung häufig gerade nicht eintreten wird. Ferner wird der Beamtenschaft die mit Mühen und Risiken verbundene »Klagelast« (wenn auch nicht die Beweislast) auferlegt, die vorher noch beim Dienstherrn lag. Daran anknüpfend wird in der Literatur vereinzelt ein gewisses Missbrauchsrisiko gesehen, »unliebsame« Beamt*innen in der Hoffnung aus dem Dienst zu entfernen, dass diese von einer Klage aus den eben genannten Gründen vielleicht doch absehen werden. Auch die Gefahr einer unreflektierten Vorverurteilung könnte in diesem Lichte möglicherweise wachsen. Es wird daher abzuwarten bleiben, ob und in welcher Weise sich die Länder an diesem (in Bezug auf seine Grundintention zu begrüßenden) Gesetz im Rahmen einer möglichen Neugestaltung ihrer Disziplinargesetze orientieren werden.

Verfahren: Verwaltungsgerichtshof Hessen, Beschluss vom 12.02.2024 (28 A 1445/22.D); Bundesverfassungsgericht, Beschluss vom 17.01.2017 (3 BvB 1/13); Bundesverfassungsgericht, Beschluss vom 22.05.1975 (2 BvL 13/73).

Literatur: Klaus Krebs/Andreas Nitschke/Torsten Noak/Lars Steinhorst/Florian Zenger, Chatgruppen und öffentlicher Dienst, Stuttgart 2024; Gesetz zur Beschleunigung von Disziplinarverfahren in der Bundesverwaltung und zur Änderung weiterer dienstrechtlicher Vorschriften, Bundesgesetzblatt 2023 I Nr. 389 vom 22.12.2023.

»Alles für Deutschland«

Björn Höckes Prozess wegen einer alten SA-Parole vor dem Landgericht Halle

von Oliver Tolmein

»#Halle 2. So schmeckt Willkür!« postet der rechtsextreme Landessprecher der thüringischen AfD, Björn Höcke, die Hände in den Hosentaschen, am 1. Juli 2024 in einem zweiminütigen Social-Media-Beitrag. Höcke ist da gerade zum zweiten Mal vom Landgericht Halle verurteilt worden. Auf Wahlkampfveranstaltungen im sachsen-anhaltinischen Merseburg hat er 2021 seine Rede mit dem Appell »Alles für Deutschland« beendet. Diese markige Losung stammt von der Sturmabteilung (SA) der NSDAP. Die SA hat sie sich als Parole zu eigen gemacht und ihre Mitglieder haben sie sich auf die Dolche gravieren lassen, die sie zu ihrer Uniform trugen. 2023, zwei Jahre nach dem Auftritt in Merseburg, hat Höcke die Parole erneut bei einer Wahlkampfveranstaltung eingesetzt, um seine Anhänger anzustacheln – diesmal in Gera. Kurz erwähnte er sein in Halle anstehendes Verfahren und diesmal reichte es, von den – so Höcke – »drei berühmten Worten« die ersten beiden zu rufen – auf eine einladende Geste des ehemaligen Geschichtslehrers hin vollendete dann sein Wahlkampfpublikum, erkennbar stolz, es richtig rechts machen zu können, mit »Deutschland!«-Rufen die Parole.

Höcke hat mit diesen gezielten Provokationen gegen den Paragraphen 86a des Strafgesetzbuches verstoßen, der die Verwendung von Kennzeichen verfassungswidriger und terroristischer Organisationen unter Strafe stellt. Denn zu den Kennzeichen gehören, wie der Absatz 2 des Gesetzes klarstellt, auch Parolen und Grußformen. Obwohl es sich bei diesem Delikt immerhin um eine Gefährdung des demokratischen Rechtsstaates dreht, ist es lediglich ein Vergehen, kein Verbrechen. Es gibt dafür daher keine Mindeststrafe, sondern nur eine Begrenzung nach oben: maximal drei Jahre Haft.

Der AfD-Spitzenpolitiker kommt vor dem Landgericht Halle mit einer Geldstrafe von 100 Tagessätzen zu je 130 Euro glimpflich davon – nicht einmal eine Haftstrafe zur Bewährung wird ausgesprochen. Diese Strafe ist auch noch nicht rechtskräftig, weil Höcke beim Bundesgerichtshof Revision eingelegt hat, über die noch nicht entschieden wurde.

Der Angeklagte mimt den Ahnungslosen

Die Strafkammer, vor der dieses Delikt angeklagt war, glaubte dem Historiker und Politiker nicht, der behauptete, nicht gewusst zu haben, dass »Alles für Deutschland« die Losung der SA war. Denn gegen seine Behauptung spricht schon, dass sich der AfD-Spitzenpolitiker gerade mit der NS-Vergangenheit und ihren Auswirkungen auf die Politik der Bundesrepublik seit Jahren intensiv beschäftigt hat. Die scharfe Abgrenzung der bundesdeutschen Gesellschaft vom Nationalsozialismus und den zwischen 1933 und 1945 begangenen ungeheuren Verbrechen versucht Höcke schon seit langem zu schleifen. Damit rechtsextreme Politik erneut eine prägende Kraft in Deutschland werden kann, davon ist Höcke überzeugt, muss die nationalsozialistische Vergangenheit wieder ein anerkannter Teil des deutschen Selbstverständnisses werden. In einer Rede am 17. Januar 2017 vor der heute als »gesichert rechtsextremistisch« qualifizierten AfD-Jugendorganisation Junge Alternative hatte Höcke mit Blick auf das Holocaust-Mahnmal in Berlin beklagt: »Wir Deutschen, also unser Volk, sind das einzige Volk der Welt, das sich ein Denkmal der Schande in das Herz seiner Hauptstadt gepflanzt hat.« In dieser Rede, in der er sich auch gegen die »dämliche Bewältigungspolitik« gewandt hatte, forderte er eine »erinnerungspolitische Wende um 180 Grad«. Dass jemand, der so kühl kalkuliert die nationalsozialistische Vergangenheit in die bundesdeutsche Gegenwart einzubinden versucht, nicht wissen will, was für eine Losung die SA, die Ende 1933 knapp drei Millionen Mitglieder hatte, lautstark auf ihren Märschen, bei ihren aggressiven Aktionen und Veranstaltungen zu Gehör brachte und auf den zur braunen Uniform gehörenden Dienstdolchen eingravieren ließ, wirkt wenig überzeugend.

Die Rechtsprechung war auch in der Vergangenheit gelegentlich mit der Schutzbehauptung von Rechtsextremisten konfrontiert, die vorgaben, nicht gewusst zu haben, dass es sich bei »Alles für Deutschland« um eine verbotene NS-Losung handelte: Das Oberlandesgericht Hamm hat in einem Verfahren gegen einen jungen Rechtsextremisten 2006 entschieden, dass allgemein bekannt sei, dass es sich bei »Alles für Deutschland« um die Losung der SA handele. Für das Höcke-Urteil des Landgerichts Halle ist damit ein wichtiger Referenzpunkt gesetzt.

Wenn etwas allgemein bekannt ist, bedarf es besonderer Anstrengungen und Indizien der Verteidigung, um das Gericht davon zu überzeugen, dass ein Angeklagter es trotzdem nicht gewusst hat. Bei Björn Höcke hat das Gericht keinen Zweifel gehabt, dass er sehr genau wusste, was er tat, als er dazu aufgerufen hatte, »Alles für Deutschland« zu geben. Ein wichtiger Aspekt dabei: Spätestens im Zuge der Ermittlungen wegen seines Auftritts 2021 in Merseburg wusste Höcke, dass er mit einer (verbotenen) SA-Losung agitiert hatte. Das hat ihn aber nicht davon abgehalten, in Gera diese Parole erneut zu verwenden, im Gegenteil – es hat ihn dazu motiviert. Das ist kein zwingender Beweis, in der Gesamtschau aber ein gewichtiges Indiz dafür, dass Höcke hier von Anfang an bewusst gesprochen und gehandelt hat. Den Wahlkämpfer hier nicht als leicht vertrottelten, mit den Fakten nicht vertrauten, geschichtsvergessenen Ex-Lehrer, zu sehen, ist daher nicht, wie Höcke beklagt, ein Akt juristischer »Willkür«. Es ist eine lebensnahe Würdigung eines den Nationalsozialismus und seine Parolen, Losungen und Stimmungsmache verharmlosenden und sich so aneignenden Verhaltens.

Strategische Prozessführung von rechts

Höckes Vorgehen vor Gericht und seine Kritik an der vermeintlichen richterlichen Willkür dürfte als strategische Prozessführung von rechts zu verstehen sein und damit als Fortsetzung seiner Auftritte: Sowohl seine Behauptung, er habe nicht gewusst, dass »Alles für Deutschland« eine Losung der SA gewesen sei, als auch seine Argumentation, dass die SA-Losung nichts anderes sei als ein »Allerweltsspruch«, der auf jeden Fall von der Meinungsfreiheit gedeckt sei, zielen auf eine Normalisierung und Rehabilitierung der Sprache des Dritten Reiches und damit seines Denkens und Handelns. Es geht um das, was Victor Klemperer als »Lingua tertii Imperii« beschrieben und so analysiert hat: »Der Nazismus glitt in Fleisch und Blut der Menge über durch die Einzelworte, die Redewendungen, die Satzformen, die er ihr in millionenfachen Wiederholungen aufzwang.«

Höcke weiß diese scheinbare Harmlosigkeit der von ihm im Wahlkampf verwendeten Losung zu nutzen: dass der Nationalsozialismus sich in seiner aufhetzenden und zusammenschweißenden Rhetorik vielfach an sich unverfänglicher Worte und auch Losungen bedient, sie aus einer Alltagssprache entlehnt und sie mit einem spezifisch nationalsozialistischen Kontext versehen hat. »Alles für Deutschland!« stand auf den Dolchen der SA und wurde zu einer Legitimation für auch im Nationalsozialismus ungesetzliche Handlungen wie Plünderungen, Einschüchterung, Entfesselung von willkürlicher Gewalt gegen Andersdenkende, gegen Jüdinnen und Juden, gegen sogenannte Asoziale oder Menschen mit Behinderungen. Mit dem deutschen Überfall auf Polen 1939, der den Anfang des Zweiten Weltkriegs markierte, wurde »Alles für Deutschland« zugleich zu einem fanatischen Bekenntnis, das eigene Leben für die Eroberungs- und Vernichtungspolitik des Dritten Reiches einzusetzen.

Schutz eines Freiheitsraumes aller

Gleichwohl erscheint es in einer freiheitlichen Demokratie, wie sie Deutschland heute ist, nicht unbedenklich, Äußerungen unter Strafe zu stellen, wie es die Paragraphen 86 und 86a Strafgesetzbuch tun. Die 2. Kammer des Zweiten Senats des Bundesverfassungsgerichts hat sich 2009 mit der Frage befasst, ob ein NPD-Politiker zu Recht wegen des Verwendens von Kennzeichen verfassungswidriger Organisationen verurteilt worden ist, weil er ein T-Shirt mit der Aufschrift getragen hatte: »Sohn Frankens, die Jugend stolz / die Fahnen hoch«. Das Bundesverfassungsgericht hielt die Verurteilung für unbedenklich, auch wenn die Formulierung »die Fahnen hoch« nicht textidentisch mit Titel und Text des Horst-Wessels-Liedes sei (das »die Fahne« im Singular verwendet).

Diese Rechtsprechung unterstreicht einerseits die aktuelle besondere Bedeutung des Paragraphen 86a Strafgesetzbuch, dessen Schutzgut die »verfassungsmäßige Ordnung«, insbesondere das Zusammenleben in einer vielfältigen Gesellschaft erfasst, die sich dem Gleichbehandlungsgrundsatz verpflichtet weiß. Das mit diesem Paragraphen errichtete »kommunikative Tabu« schützt insoweit einen Freiheitsraum aller, der durch die Möglichkeit, Kennzeichen verfassungswidriger Organisationen im Inland öffentlich zu verwenden, wegen der davon ausgehenden bedrohlichen, ausgrenzenden und verfassungswidrigen Wirkung verloren geht. Andererseits wirft sie die Frage auf, wie sich ein »kommunikatives Tabu« aufrechterhalten lässt, wenn die Tathandlungen nicht an den Rändern begangen werden, sondern auf Wahlkampfveranstaltungen einer zunehmend völkischen Partei.

Darauf gibt es nicht nur eine Antwort. Den Paragraphen 86a Strafgesetzbuch aufzugeben oder nur noch zurückhaltend anzuwenden, insbesondere dann, wenn der Verstoß offen, unzweifelhaft und allgemein anerkannt erscheint, würde allerdings in die falsche Richtung weisen. Im Gegenteil wäre zu überlegen, ob eine Verurteilung nach diesem Paragraphen nicht umso folgenreicher sein sollte, je öffentlichkeitswirksamer die Äußerung ist. Die Verurteilung des AfD-Wahlkämpfers Björn Höcke, der gezielt enttabuisierend NS-Losungen verwendet, um Stimmung zu machen und den Nationalsozialismus wieder gesellschaftsfähig zu machen, ist richtig – gerät aber durch ein Strafmaß am unteren Rand, nämlich einer Geldstrafe von nur 100 Tagessätzen zu je 130 Euro und im Wiederholungsfall von wenig mehr, zu einer bloß symbolischen Handlung der Strafjustiz.

Das wird aber dem Delikt und dem Unrechtsgehalt der mit dieser Straftat verfolgten Ziele nicht gerecht. Ein Mittel, die Norm zu schärfen, könnte der Paragraph 45 Strafgesetzbuch sein, der Personen, die wegen eines Verbrechens zu einer Freiheitsstrafe von mindestens einem Jahr verurteilt werden, für fünf Jahre die Fähigkeit nimmt, öffentliche Ämter zu bekleiden und Rechte aus öffentlichen Wahlen zu erlangen. Wünschenswert wäre eine Gesetzesänderung, die ermöglicht, die Folge des Paragraphen 45 unter besonderen Bedingungen auch in Fällen des Paragraphen 86a Strafgesetzbuch anzuwenden, die keine Verbrechen darstellen, aber in hohem Maße das offene gesellschaftliche Zusammenleben gefährden.

Verfahren: Landgericht Halle, Urteil vom 14. Mai 2024, Aktenzeichen 5 KLs 6/23.

Literatur: August Modersohn, So lässig kann die Härte des Rechtsstaats aussehen, *Die Zeit* vom 1. Juli 2024; Oliver Tolmein, *Kommunikatives Tabu ohne Zukunft?: § 86a StGB und das Höcke-Urteil des Landgerichts Halle, Verfassungsblog, 31. Mai 2024.*

NEONAZI-GEWALT

Versagt der Staat beim Schutz der Pressefreiheit?

Wie die Justiz die Presse (nicht) schützt

von Benjamin Lück

»Mach die Kamera aus, sonst knallt's!« »Du bist tot, Junge, wenn ich dich in die Finger kriege!« »Drei, zwei, eins, los!« Vermummte Männer stürmen los. Unmittelbar danach liegt im beschaulichen Dresdner Stadtteil Laubegast eine Frau auf der Straße. Die gesamte Szene aus dem Video von Februar 2022 ist von kaum auszuhaltender Intensität. Erst einzelne, dann immer mehr Teilnehmende einer verschwörungsideologischen Versammlung veranstalteten eine regelrechte Hetzjagd auf Fotojournalist*innen und ihre ehrenamtlichen Begleitschützer*innen, über mehrere hunderte Meter, zum Teil auf Fahrrädern, vorbei an Reihenhäusern und gepflegten Vorgärten. Autos fahren vorbei, ohne zu bremsen. Eine Frau schaut unbeteiligt aus dem Fenster.

Die im Vorfeld der Versammlung von den Reporter*innen informierte, jedoch bei den Übergriffen nicht anwesende Polizei, vernahm die Reporter im Anschluss dennoch zunächst als Beschuldigte. Genau das also, was einer der aggressivsten Männer, ein Politiker der Freien Sachsen prophezeit hatte, als er den

Begleitschützer aufforderte, das in Notwehr eingesetzte Pfefferspray auf ihn zu sprühen, denn »wenn die Bullen kommen, machen wir eine Anzeige gegen euch«. Das gegen einen der Reporter sowie die Begleitschützer*innen geführte Verfahren wegen des Vorwurfs der gefährlichen Körperverletzung stellte die Staatsanwaltschaft Dresden erst nach einem Jahr ein.

Im April 2024 hat nun das Amtsgericht Dresden das Verfahren gegen einen der letztlich vier angeklagten Angreifer gegen Zahlung einer Geldauflage eingestellt. Der Tatvorwurf lautete auf Nötigung und versuchte Körperverletzung. Kurz nach dieser Einstellung verurteilte es den zweiten Angeklagten zu einem halben Jahr Freiheitsstrafe auf Bewährung. Im Juni 2024 verurteilte es zudem in einem getrennt davon geführten Verfahren den rechtsextremen Politiker zu einer Gesamtstrafe von einem Jahr und zwei Monaten Haft auf Bewährung, dessen Bruder zu zehn Monaten auf Bewährung, allerdings in erster Linie wegen gefährlicher Körperverletzung in einer anderen Sache. Das Verhalten auf der Versammlung legte ihnen das Gericht (nur) als Nötigung aus.

Versagt der Staat beim Schutz der Pressefreiheit? Diesen Schluss zog Martin Kaul, Vorstandssprecher der deutschen Sektion von Reporter ohne Grenzen aus der Einstellung des ersten Strafverfahrens: »Ausgerechnet in einem Bundesland, in dem sich Journalistinnen und Journalisten zum Teil nur mit Begleitschutz zu Versammlungen begeben können, versagen die Strafverfolgung und die Gerichte dabei, Angriffe auf die Pressefreiheit als solche anzuerkennen.«

Verkennen der demokratiezersetzenden Ausrichtung der Angriffe auf die Presse

Tatsächlich hinterlassen die Einstellung eines der Verfahren und die verhältnismäßig geringen Strafen angesichts der massiven und gut dokumentierten Bedrohungslage, welcher die Reporter*innen und ihre Begleitschützer*innen ausgesetzt waren, einen mehr als faden Beigeschmack. Eine Auseinandersetzung gerade mit der besonderen Rolle der Presse fand, folgt man der Prozessberichterstattung, nicht statt. Im Gegenteil: Das Gericht hat das öffentliche Interesse an einer Strafe als so gering eingestuft, dass aus dessen Sicht auch eine niedrige Geldauflage dieses Interesse befriedigte und die Einstellung rechtfertigte.

Die Bedrohung der Pressefreiheit in Deutschland resultiert nicht allein aus der zunehmenden Gewaltbereitschaft von Demonstrierenden, die vor allem aus dem extrem rechten und verschwörungstheoretischen Spektrum kommen. Daneben spielen auch zwei weitere Faktoren eine entscheidende Rolle: Die Polizei ist immer noch nicht ausreichend für die Pressearbeit sensibilisiert, zu häufig fehlt es an funktionierenden Schutzkonzepten und proaktivem Schutz der Pressearbeit bei gleichzeitigem Verständnis für die Bedeutung einer vom Staat unabhängigen Presse. Außerdem fehlt es aber auch schlicht an Personal oder der Bereitschaft, Personal zum Schutz von Journalist*innen abzustellen.

Zudem berücksichtigen Strafverfolgungsbehörden und Gerichte die pressefeindliche, demokratiezersetzende Ausrichtung der Angriffe bei der Strafverfolgung der Täter*innen nicht ausreichend. Noch weniger verständlich ist es, wenn sie stattdessen über ein Jahr lang Ermittlungen gegen Journalist*innen oder ihre Begleitschützer*innen führen und sich damit von offen rechtsextremen Politiker*innen einspannen lassen.

Keine Hemmschwelle für körperliche Übergriffe

Dabei sprechen die steigenden Zahlen ein eindeutiges Bild. Nach Erhebungen von Reporter ohne Grenzen und dem European Centre for Press and Media Freedom (ECPMF) nehmen gewalttätige Übergriffe auf Journalist*innen seit 2015 kontinuierlich zu und verharren in den letzten Jahren auf hohem Niveau. Das ECPMF verzeichnet etwa in seiner jüngsten Studie zum »Feindbild Journalist« einen Anstieg der Angriffe auf Journalist*innen. Nach 56 Fällen im Jahr 2022 wurden 2023 69 Fälle gezählt, davon 53 Fälle im Rahmen von Demonstrationen. Reporter ohne Grenzen zählte für das Kalenderjahr 2023 insgesamt 41 Angriffe auf Medienschaffende und Redaktionen und hob ebenfalls das sehr hohe Niveau der Aggressionen auf Versammlungen hervor. Allein für das erste Halbjahr 2024 registrierte die neue Ausgabe des Monitoring-Berichts von Media Freedom Rapid Response (MFRR) sogar 72 Vorfälle.

Klemens Köhler, einer der ehrenamtlichen Personenschützer, die Journalist*innen auf Demonstrationen begleiten, konstatiert mittlerweile zumindest für das Bundesland Sachsen »Grenzüberschreitungen [als] prägendes Element des kollektiven Verhaltens«. Journalist*innen müssten dort stets mit Pöbeleien oder Gewalt rechnen. »Die Täter*innen lächeln dabei. Eine Hemmschwelle für körperliche Übergriffe scheint es da kaum noch zu geben.« Die gewalttätigen Personen nehmen Journalist*innen als Teil einer konstruierten Elite und gerade nicht als die viel beschworene vierte Gewalt wahr. Häufig sind sie dann bei den Versammlungen die einzigen Vertreter*innen dieser vermeintlichen Elite. Ohne Polizeipräsenz und ohne Gegendemonstration bleibt die Presse der einzig sichtbare Teil der von ihnen abgelehnten freiheitlich demokratischen Grundordnung. Die Aufgabe der Presse, dorthin zu gehen, wo sonst niemand hinschaut, macht sie erst zur perfekten Zielscheibe.

Die Folgen sind schon jetzt einschneidend. Die drohende Gewalt hindert überregional tätige Journalist*innen daran, überhaupt noch zu den Demonstrationen zu fahren. Lokaljournalist*innen zögern vermehrt, Themen anzupacken, die sie selbst ins Visier von Rechtsextremist*innen bringen, oder über Personen aus dem rechtsextremen Spektrum zu berichten. Auch das ist eine Form der Selbstzensur und damit eine Gefahr für die Pressefreiheit. Gerade bei Protesten abseits der Großstädte drohen blinde Flecken.

Abhilfe tut dringend not

Immerhin erkennen auch andere Stellen mittlerweile die substanzielle Bedrohung der Pressefreiheit an. Das Verständnis in den Polizeibehörden wächst, insbesondere durch die Schaffung konkreter Ansprechpersonen in den letzten Jahren. Verlage und Medienhäuser verpflichten sich über den im April 2022 von mehreren Journalist*innen-Organisationen ins Leben gerufenen Schutzkodex dazu, mehr für den Schutz ihrer Journalist*innen zu tun und bestimmte Standards umzusetzen. Dazu gehört etwa, feste Ansprechpersonen zu benennen und psychologische und juristische Unterstützung der Betroffenen bei verbalen und körperlichen Gewalterfahrungen zu leisten. Allerdings drohen dabei die besonders betroffenen freien Journalist*innen unter die Räder zu geraten, die keine Arbeitgeber*innen haben, die ihnen Trainings finanzieren oder gar bezahlte Personenschützer*innen zur Seite stellen könnten.

Vor allem aber müssen die Strafverfolgungsbehörden und Gerichte bei gewalttätigen Übergriffen gegen Journalist*innen konsequent und schnell ermitteln, anklagen und vor der etwaigen Einstellung sowie bei der Strafzumessung gerade die über den jeweiligen Einzelfall hinausweisende Bedeutung der Pressefreiheit berücksichtigen. Sie könnten schon jetzt die Beweggründe und die Gesinnung, die aus solchen Taten gegen Presseangehörige spricht, bei der Frage der Höhe des Strafmaßes wesentlich stärker gewichten. Je höher der präventive Schutz und je konsequenter das strafrechtliche Vorgehen, umso weniger wird es zu Übergriffen und zum Gefühl weitreichender Straflosigkeit kommen. Ein solches Vorgehen würde die Einschätzung von Beobachter*innen aufgreifen, wonach Demonstrierende Gewalt gegen Journalist*innen vor allem dann in Betracht ziehen, wenn sie bislang damit durchgekommen sind und sie innerhalb ihrer Gruppe Anerkennung dafür erfahren.

Genau hier setzt nun auch ein neuer Vorschlag auf Bundesebene vom September 2024 an. In einem Entwurf für ein Gesetz zur Stärkung des Schutzes von dem Gemeinwohl dienenden Tätigkeiten (BT-Drs. 20/12950) greift die Bundesregierung die Zahlen zu den gestiegenen Angriffen auf. Angesichts der zunehmenden Bedrohung von Presseschaffenden sollen Strafgerichte bei der Strafzumessung zukünftig »auch die Eignung der Tat, eine dem Gemeinwohl dienende Tätigkeit nicht nur unerheblich zu beeinträchtigen«, berücksichtigen. Zu diesen Gemeinwohltätigkeiten gehört nach der Begründung auch die journalistische Tätigkeit. Damit will der Entwurf dem erhöhten Unrechtsgehalt von Taten Rechnung tragen, die sich gegen Journalist*innen richten.

Trotz all dieser Bemühungen zeigen die Entscheidungen zur Laubegaster Hetzjagd, dass die Justiz sowohl im Kampf gegen den sich gegen alle demokratischen Institutionen richtenden Rechtsextremismus als auch beim Schutz der einzelnen Journalist*innen weiterhin großen Aufholbedarf hat. Wenn Journalist*innen mit dem Tod bedroht werden, sollte das Verfahren nicht damit enden, dass sich – wie in Dresden – einer der Betroffenen in seinem Abschlussstatement in dem Verfahren gegen den rechtsextremen Politiker fragt: »Warum sollte ich so eine Tat noch einmal anzeigen?«

Verfahren: Amtsgericht Dresden: Az. 207 Js 24560/22; Az. 203 Ds 207 Js 25686/22; Az. 203 Ds 207 Js 11004/24.

Literatur: Klemens Köhler, Immer mitten in die Presse rein, in: Sächsische Realitäten, hrsg. v. Michael Krell und Tom Böhme, Dresden 2024, S. 285ff., hier: S. 289; Patrick Peltz über die Studie »Feindbild Journalist:in«, Deutschlandfunk, 16. April 2024; Alexander Schneider, Urteil: Ein Jahr und zwei Monate für Pirnaer »Freie Sachsen«-Chef Max Schreiber, Sächsische Zeitung vom 27.6.2024.

Angriff von Neonazis auf Journalisten

Der Bundesgerichtshof hebt das Skandalurteil im Fretterode-Prozess auf

von Joachim F. Tornau

Das Zeugnis, das der 2. Strafsenat des Bundesgerichtshofs (BGH) dem Landgericht Mühlhausen am 13. März 2024 ausstellte, fiel verheerend aus. Als »durchgreifend rechtsfehlerhaft« kassierten die Karlsruher Richter*innen das Urteil gegen zwei Neonazis, die sich im sogenannten Fretterode-Prozess wegen eines brutalen Überfalls auf zwei Journalisten im April 2018 hatten verantworten müssen und äußerst glimpflich davongekommen waren.

Der BGH bescheinigte der 3. Strafkammer des Landgerichts in Thüringen, gegen grundlegende Regeln des juristischen Handwerks verstoßen zu haben. Aussagen würden in der Urteilsbegründung »nur selektiv« wiedergegeben, Angaben »aus dem Gesamtzusammenhang gerissen«, es fehle an einer »sorgfältigen Gesamtwürdigung sämtlicher be- und entlastender Indizien«. Und selbst auf eine Binsenweisheit musste der BGH hinweisen: »Das Landgericht verkennt zudem, dass ein Widerspruch zwischen zwei Zeugenaussagen nicht bedeuten muss, dass beide die Unwahrheit sagen.«

Ein Gewaltexzess als »minder schwerer Fall«

Selten hatte ein Urteil für solche Empörung gesorgt wie das des Landgerichts Mühlhausen vom 15. September 2022. Von einem »Schlag ins Gesicht« aller engagierten Reporter*innen und einem »fatalen Signal an die rechtsextreme Szene« sprach die Deutsche Journalistinnen- und Journalisten-Union in der Gewerkschaft ver.di. Von einem »Freifahrtschein« für Neonazis die Grünen-Fraktion im Thüringer Landtag. Und selbst die *Frankfurter Allgemeine Zeitung*, krawalligen Zuspitzungen eher unverdächtig, konstatierte nüchtern einen »Skandal«.

Im April 2018 hatten zwei Männer aus dem nächsten Umfeld des langjährigen Neonazi-Anführers Thorsten Heise – der eine sein Sohn, der andere wird als sein politischer Ziehsohn angesehen – zwei Göttinger Journalisten erst im Auto über die Straßen rund um das Dorf Fretterode im thüringischen Eichsfeld gejagt, in lebensgefährlichem Tempo und »Stoßstange an Stoßstange«, wie ein Augenzeuge berichtete. Als sich die Journalisten mit ihrem Fahrzeug schließlich in einem Graben festgefahren hatten, wurden sie von den Neonazis mit Messer, Baseballschläger, Reizgas und einem gewaltigen Traktorschraubenschlüssel angegriffen und schwer verletzt. Einer der Journalisten erlitt eine Schädelfraktur, der andere einen Stich ins Bein.

Die auf Recherchen in der rechten Szene spezialisierten Journalisten hatten an jenem Tag ein Treffen von Rechtsextremen auf Heises Anwesen in Fretterode vermutet und dokumentieren wollen. Thorsten Heise ist schon seit Jahrzehnten eine zentrale Führungsfigur der militanten Rechten in Deutschland und Europa. Der einstige Funktionär der 1995 verbotenen Freiheitlichen Deutschen Arbeiterpartei (FAP), einer offen nationalsozialistischen Kleinstpartei, ist nicht nur Bundes- und Landesvizevorsitzender der »Heimat«, wie sich die Neonazi-Partei NPD heute nennt, er ist auch international hervorragend vernetzt. Als Szene-Unternehmer produziert er rechtsextreme Musik, organisiert einschlägige Events wie das »Schild & Schwert«-Festival im sächsischen Ostritz und betätigt sich erfolgreich als brauner Versandhändler und Verleger.

Für den Überfall auf die Journalisten hatte sich sein Sohn mit einem Schlauchschal der »Arischen Bruderschaft« vermummt – einer überregionalen Neonazi-Kameradschaft, die Thorsten Heise anführte, bis er 2023 ihre Auflösung verkündete. Wohl, um einem erwarteten Verbot zuvorzukommen.

Die Tat, bei der die Angeklagten auch alle Scheiben des Autos der Journalisten einschlugen, wirkte wie ein Gewaltexzess. Die Strafen, die das Landgericht in Mühlhausen fast viereinhalb Jahre später wegen gemeinschaftlicher Sachbeschädigung in Tateinheit mit gefährlicher Körperverletzung verhängte, fielen jedoch bemerkenswert milde aus. In einem sehr verständnisvollen Urteil stufte das Gericht die Tat als »minder schweren Fall« ein und ließ den Heise-Sohn, der bei dem Angriff noch Heranwachsender gewesen war, mit 200 Arbeitsstunden nach dem Jugendstrafrecht, seinen etwas älteren Gesinnungsgenossen mit einer zwölfmonatigen Bewährungsstrafe davonkommen.

Nach einjähriger Verhandlung erkannte die Strafkammer keinen gezielten Angriff auf die freie Presse (was strafverschärfend hätte berücksichtigt werden müssen). Denn: Die Täter hätten ihre Opfer für linke Aktivisten gehalten. Trotzdem sei die Tat auch nicht vorrangig politisch motiviert gewesen. »Hauptmotivation der Angeklagten war es, die Nebenkläger aus Fretterode und dem Eichsfeld zu vertreiben, weil diese vermeintlich Fotos von dem Angeklagten H. gefertigt hatten«, heißt es im Urteil. Ein eskalierter Versuch, das Recht am eigenen Bild durchzusetzen. So hatten es die Angeklagten dargestellt, und so glaubte es am Ende auch das Gericht.

Obwohl die beiden Neonazis im Prozess mehrfach bei haarsträubenden Lügen ertappt worden waren und unter anderem eine Baseballschlägerattacke durch einen der Journalisten erfunden hatten, nannte die Vorsitzende Richterin Andrea Kortus die Einlassungen der Angeklagten in der mündlichen Urteilsbegründung »dem Grunde nach nachvollziehbar und geständig«. Unhinterfragt nahm die Strafkammer dem Heise-Sohn die Behauptung ab, nur deshalb so ausgerastet zu sein, weil ihn die Journalisten mit dem Auto hätten überfahren wollen, gleich zweimal sogar. Und: Er habe sich in Fretterode von der Göttinger Antifa »belagert« gefühlt.

In der Tat steht das Heise'sche Anwesen – ein mächtiges Gutshaus im Kern des nur knapp 200 Einwohner*innen zählenden Dorfs – als Anlaufpunkt der militanten Rechten unter einer gewissen Beobachtung. Die letzte antifaschistische Kundgebung fand hier, soweit bekannt, jedoch 2003 statt. Da war der Heise-Sohn noch nicht einmal vier Jahre alt.

BGH moniert Freispruch vom schwerwiegendsten Vorwurf

Die Milde des Urteils stand in Karlsruhe nur mittelbar auf dem Prüfstand – im Revisionsverfahren geht es allein um mögliche Rechts- und Verfahrensfehler. Davon allerdings hatte der Bundesgerichtshof gleich eine ganze Reihe zu beanstanden.

So monierten die obersten Richter*innen, dass das Landgericht den Reizgasangriff beim Urteil nicht berücksichtigt hatte, weil er angeblich kein Teil der Anklage gewesen sei. Was schlicht falsch ist: Das Sprühen ins Wageninnere wird in der Anklageschrift explizit erwähnt. Außerdem habe das Landgericht zu lapidar begründet, warum es bei den Körperverletzungen kein »bewusstes Zusammenwirken« der Angeklagten gesehen hatte –

und damit keine gemeinschaftlich begangene Tat, die zu höheren Strafen hätte führen können.

Entscheidend für die Aufhebung des Urteils aber war, dass die beiden Neonazis vom strafrechtlich schwerwiegendsten Vorwurf freigesprochen worden waren: dem Raub der Fotoausrüstung. Darauf hatten Staatsanwaltschaft und Nebenklage ihre Revisionsanträge maßgeblich gestützt, und darauf bezogen sich auch die eingangs zitierten deutlichen Worte des 2. Strafsenats. Nach Darstellung der beiden Journalisten war ihnen bei dem Überfall ihre hochwertige Spiegelreflexkamera nebst Teleobjektiv geraubt worden. Nur den Speicherchip hätten sie noch rechtzeitig herausnehmen können – worauf sich unter anderem das Foto des vermummten und den 50 Zentimeter langen Schraubenschlüssel schwingenden Heise-Sohns befand, das es in der Folge zu einiger Bekanntheit bringen sollte.

Die Staatsanwaltschaft klagte das als schweren Raub unter Verwendung von Waffen an. Mindeststrafe nach Erwachsenenstrafrecht: fünf Jahre Gefängnis. Doch das Landgericht befand, dass keine »Wegnahme der Kamera« festzustellen sei, und verwies zur Begründung auf widersprüchliche Angaben der Journalisten: Während der eine von einem Griff durchs Fahrerfenster ihres Autos berichtet hatte, gab der andere an, den Raub auf der Beifahrerseite beobachtet zu haben. »Es hätte bereits näherer Erörterung bedurft, warum es sich hierbei um einen ›wesentlichen Punkt‹ handeln soll, zumal die Beteiligten während des dynamischen Geschehens ihre Positionen mehrmals wechselten«, rügte der Bundesgerichtshof. »Jedenfalls liegt es nahe, dass sich der vermeintliche Widerspruch durch eine sorgfältige Inhaltsanalyse der beiden Aussagen aufgelöst hätte.«

Denn für das Landgericht hatte es keine Rolle gespielt, dass einer der beiden Journalisten bei dem mutmaßlichen Raub noch im Wagen gesessen hatte, während der andere gerade draußen mit dem Schraubenschlüssel attackiert wurde und deshalb vielleicht nicht ganz so aufmerksam gewesen sein könnte. Auch über eine mögliche Verwechslung mit einer anderen Tasche, die kurz zuvor aus dem Auto genommen worden war, hatten sich die Richter*innen in Mühlhausen keine Gedanken gemacht. Stattdessen glaubten sie einfach beiden Nebenklägern nicht.

Der Bundesgerichtshof entschied: So geht's nicht. Zumal die Strafkammer auch noch zwei weitere für die Beweiswürdigung zentrale Fragen unbeantwortet gelassen habe: Hatten die Angeklagten, wenn es ihnen doch um das Recht am eigenen Bild gegangen sei, nicht ein Raubmotiv gehabt? Und wo soll eigentlich die Kamera geblieben sein, die nachweislich nicht mehr da war, als die Polizei am Tatort eintraf? Angesichts dieser Fülle an Versäumnissen hob der Bundesgerichtshof das gesamte Urteil auf und verwies das Verfahren zurück nach Mühlhausen, wo es jetzt vor einer anderen Strafkammer des Landgerichts noch einmal ganz von vorn aufgerollt werden muss.

Der Skandal kann nur noch teilweise repariert werden

Das Skandalurteil im Fretterode-Prozess kann damit noch korrigiert werden. Was nicht mehr zu reparieren ist, sind indes die unbegreiflichen Nachlässigkeiten, zu denen es bereits im Ermittlungsverfahren gekommen war. Tatenlos hatte eine Polizeistreife zugesehen, als aus dem zum Heise'schen Gutshaus zurückgekehrten BMW der Neonazis mögliche Beweismittel herausgetragen wurden. Die Suche nach der mutmaßlich geraubten Fotoausrüstung beschränkte sich darauf, die acht Kilometer lange Strecke, auf der die Angeklagten vom Tatort nach Fretterode zurückgefahren waren, einmal im Halbdunkel abzufahren. Das Haus des älteren Täters wurde nie, das Haus von Thorsten

Heise und seinem Sohn nur halbherzig durchsucht. Und trotz der Stichverletzung eines der Journalisten schenkte man einem Messer, das bei einer späteren Untersuchung des Tatfahrzeugs gefunden wurde, keine besondere Aufmerksamkeit.

Eine überdurchschnittliche lange Zeit von dreieinhalb Jahren ließ die thüringische Justiz zwischen dem Überfall und dem Prozessauftakt vergehen, nicht eine einzige Minute davon mussten die rechten Schläger in Untersuchungshaft verbringen. Wann der neuerliche Prozess in Mühlhausen beginnt, war bei Redaktionsschluss dieses Reports im Januar 2025 nicht abzusehen. Bis zu einem rechtskräftigen Urteil dürfte aber in jedem Fall noch viel Zeit ins Land gehen. Wenn es im bisherigen Tempo weitergeht, könnte der brutale Angriff vom 29. April 2018 dann gut und gerne zehn Jahre zurückliegen.

Verfahren: Bundesgerichtshof, 2. Strafsenat, Urteil vom 13.3.2024, Aktenzeichen 2 StR 237/23; Landgericht Mühlhausen, 3. Strafkammer, Urteil vom 15.9.2022, Aktenzeichen KLs 101 Js 47753/18 jug.

Literatur: Stefan Locke, Prozess gegen Neonazis. Dieses Urteil ist ein Skandal, Frankfurter Allgemeine Zeitung vom 16.09.2002; Theresa Lauß, Franziska Schestak-Haase, Franz Zobel, Angriff auf die Pressefreiheit: Medienschaffende im Fokus rechter Hetze, Bedrohungen und Gewalt, in: Institut für Demokratie und Zivilgesellschaft (Hg.), Wissen schafft Demokratie. Schwerpunkt Demokratie unter Druck, Band 12, Jena 2022, S. 102–113.

»So jetzt mal zu Dir Du Hamburger Schlächter«

Ein Bruchsaler BFE-Polizist bleibt im Dienst, obwohl er mit Gewalttaten gegen Demonstrierende prahlt

von Minh Schredle

Zwei verwaltungsgerichtliche Entscheidungen aus dem Jahr 2024 und ein seit sieben Jahren verschlepptes Ermittlungsverfahren gegen einen gewalttätigen Polizeibeamten aus Süddeutschland werfen ein Schlaglicht auf den Unwillen der Hamburger Justiz, die zahlreichen Vorfälle von Polizeigewalt im Zusammenhang mit den Protesten gegen den G20-Gipfel im Juli 2017 in Hamburg strafrechtlich zu verfolgen. Dabei zeigt die Justiz durchaus anhaltenden Verfolgungseifer – zumindest solange sich die Ermittlungen und Verurteilungen gegen Demonstrant:innen richten. Erst im September 2024, immerhin sieben Jahre nach den massenhaften Protestaktionen gegen das Gipfeltreffen in der damals von Olaf Scholz (SPD) regierten Hansestadt, wurden im »Rondenbarg-Prozess« im September 2024 erstinstanzliche Urteile gesprochen. Zwei Demonstrant*innen wurden zu empfindlichen Geldstrafen wegen Landfriedensbruch und Beihilfe zu versuchter Körperverletzung von Polizeibeamten verurteilt. Ganz anders sieht die Gipfel-Bilanz der Hamburger Justiz aus, wenn es um die – belegbaren – Vorwürfe von massiver Polizeigewalt gegen Demonstrierende geht. Daran hatte auch die Vorsitzende Richterin im »Rondenbarg-Prozess« keinen Zweifel: »Ich bin sicher, dass es unverhältnismäßige Polizeigewalt gegeben hat. Auch im Rondenbarg«, zitiert die Deutsche Presseagentur Richterin Sonja Boddin anlässlich der Urteilsverkündung.

Zur Erinnerung: Am Morgen des 7. Juli 2017 zogen in Hamburg rund 200 größtenteils vermummte Demonstrant:innen in Richtung Innenstadt und gerieten mit der Polizei aneinander. Dabei kam es zu diversen Knochenbrüchen bei den Demonstrant:innen, nachdem ein Dutzend von ihnen eine etwa drei Meter hohe Mauer hinabstürzte. Oder, wie die Betroffenen es darstellen, hinabgestürzt wurden. Die Videoaufzeichnung eines polizeilichen Einsatzfahrzeuges dokumentiert, wie ein Beamter das Vorgehen seiner Kolleg:innen kommentiert: »Die haben sie ja schön platt gemacht alle, alter Schwede ey.«

»Platt machen« bleibt ohne Konsequenzen

Lediglich sechs von 157 eingestellten Ermittlungsverfahren gegen Polizist:innen musste die Staatsanwaltschaft Hamburg nach einer fast fünf Jahre andauernden Überprüfung durch die Generalstaatsanwaltschaft wieder aufnehmen. In einem der 151 eingestellten Ermittlungsverfahren hat das Verwaltungsgericht Hamburg zumindest die übermäßige Anwendung von Polizeigewalt bestätigt. Im April 2024 sprach das Verwaltungsgericht Hamburg in einem Vergleichsverfahren zwischen der Hamburger Polizeibehörde und der globalisierungskritischen Nichtregierungsorganisation Attac einer Aktivistin, die im Rahmen einer gewaltfreien Blockade durch Polizeigewalt unter anderem eine vier Zentimeter lange Platzwunde am Hinterkopf erlitten hatte, ein Schmerzensgeld in Höhe von 800 Euro zu. Zwei weiteren ebenfalls verletzten Attac-Aktivist:innen muss die Polizeibehörde der Hansestadt jeweils 400 Euro Schmerzensgeld zahlen, weil sie durch den Schlagstockeinsatz so schwer verletzt wurden, dass sie im Krankenhaus behandelt werden mussten. Dem Vergleich vorausgegangen waren sieben Jahre verschleppte Ermittlungen und eine für die Geschädigten zermürbende Hinhaltetaktik von Staatsanwaltschaft und Gerichten. Strafrechtliche Ermittlungen müssen die Täter*innen in Uniform in diesem Fall jedenfalls nicht mehr fürchten.

Dies gilt auch für einen zweiten Fall, in dem die Polizeibehörde Hamburg Schmerzensgeld zahlen musste, nachdem es im Juni 2021 vor dem Landgericht Hamburg zu einem Vergleich gekommen war: Die Erzieherin und Flamenco-Tänzerin Lola D. erhielt eine Kompensation in Höhe von insgesamt 4770 Euro, nachdem ihr ein Polizist bei einem Einsatz am 8. Juli 2017 in Hamburg das Wadenbein gebrochen hatte. Es war der Tag nach den schweren Krawallen in Hamburg, allmählich hatte sich die Stimmung in der Hansestadt wieder leicht entspannt. Etwa 20 junge Menschen starteten am Pferdemarkt in St. Pauli die friedliche Aktion »Lieber tanz ich als G20«, mit der sie – so gaben es Beteiligte später zu Protokoll – für gute Laune sorgen wollten. Ein Video, das die Polizei selbst angefertigt hat, zeigte dann, wie mehrere Beamte unvermittelt losrennen und nicht nur die Musikanlage in ihre Einzelteile zerlegen, sondern auch ohne Vorwarnung auf die jungen Leute einschlagen.

Straflosigkeit trotz Schmerzensgeld

Im Fall von Lola D. kann die Geldzahlung der Polizei juristisch als Schuldeingeständnis der Institution ausgelegt werden. Der konkrete Täter wird sich – wenn es nach der Staatsanwaltschaft Hamburg geht – allerdings nie auf einer Anklagebank verantworten müssen. Dabei konnte der Kreis der Verdächtigen stark eingegrenzt werden. Von den circa 29000 Polizist:innen, die während des Hamburger G20-Gipfels im Einsatz waren, kommen nach internen Ermittlungen nur noch drei Beamte als mutmaßliche Täter in Frage. Auf den Videoaufnahmen tragen die Beamten zwar Uniform und Helm, somit sind kaum individuelle körperliche Merkmale zu sehen. Allerdings ist bei dem Schläger in Uniform eindeutig die Kennzeichnung »BFE 1160« zu erkennen: Hierbei handelt es sich um die Abkürzung der Beweissicherungs- und Festnahmeeinheit (BFE) des Polizeipräsidiums Einsatz aus Baden-Württemberg, Direktion Bruchsal.

Obwohl der Kreis der Verdächtigen auf diesem Wege schnell eingeschränkt werden konnte, stellte die zuständige Staatsanwaltschaft in Hamburg mehrfach das Verfahren ein, mit der Begründung, dass weitere Ermittlungen aussichtslos seien. Auch das Amtsgericht Hamburg lehnte Hausdurchsuchungen bei den drei mutmaßlichen Tatverdächtigen zunächst »aus Gründen der Verhältnismäßigkeit« ab. Nachdem auf Beschwerde von Rechtsanwalt Dieter Magsam, der die Geschädigte vertritt, die Staatsanwaltschaft Hamburg gezwungen wurde, die eingestellten Ermittlungen wieder aufzunehmen, entschied das Landgericht Hamburg, dass eine Hausdurchsuchung bei den Verdächtigen sehr wohl verhältnismäßig sei. Bei den Razzien im Februar 2023 wurden dann tatsächlich auf technischen Geräten neue Indizien zutage gefördert. In einem internen Ermittlungsvermerk schreibt die Hamburger Polizei, dass insbesondere die Chatverläufe des Beamten Christian K. Hinweise lieferten, »die den Verdacht erhärten, dass es sich bei dem Beschuldigten [K.] um den Täter handelt. Zusätzlich wurden als Zufallsfunde diverse Gesprächsinhalte festgestellt, die auf eine hohe Gewaltbereitschaft und menschenverachtendes Verhalten des Beschuldigten [K.] schließen lassen.«

Wenn die Polizei zum Schlagen kommt

So erhielt der Polizeiobermeister K. am 28. Juli 2017 eine Nachricht per Chat – der im Folgenden mitsamt Rechtschreibfehlern auszugsweise wiedergegeben wird: »Wie war es denn in Hamburg?« will jemand wissen. K., damals 28 Jahre alt, antwortet: »Schlimm. Diese ganze Gewalt und Zerstörung.« Dann folgt die Aufklärung: »Das war ein Scherz. Es war Mega gut.« Er habe »ordentlich ausgeteilt« und »hoffe nur das ich keine Post aus hh bekomme«. Die Post kam – doch offenbar gab es kaum Anlass, sich Sorgen zu machen.

Einige Monate später eröffnet ein Chatpartner von K. die Unterhaltung wenig diskret mit: »So jetzt mal zu dir Du Hamburger Schlächter.« Der ist sich sicher: »Mich kriegen sie nicht!« Zwar habe »die Tussi« Anzeige gestellt. Dass nun Kolleg:innen aus der Hansestadt anreisten, um beim Bruchsaler Präsidium zu ermitteln, sieht K. dennoch gelassen: Er hält das für »mega unnötig«, denn auf dem Video »siehst null Komma null«.

K.s Nachrichtenverläufe offenbaren auch unabhängig von den Vorfällen beim G20-Gipfel, dass der Beamte es genießt, Gewalt anzuwenden. Als ihn ein Freund fragt, ob er aus privatem Interesse im Stadion von Hertha BSC Berlin gelandet sei, entgegnet K.: »Nein ich bin zum schlagen hier.« Einmal schreibt er einem Kontakt, der als »Mama« eingespeichert ist: »Heute konnte ich seit langem endlich wieder einen Menschen schlagen«, das sei »richtig befriedigend« gewesen, aber »Jetzt heim Couch und Bier«.

Aus den Ermittlungsunterlagen geht hervor, dass K. viele

Nachrichtenverläufe aus dem Jahr 2017 gelöscht hat. Teils konnten sie rekonstruiert werden, aber nicht mehr überall ist ersichtlich, von welchem Gesprächspartner welche Nachrichten geschrieben wurden. Auch so offenbaren die Chats wie Unterhaltungen unter Polizei-Kameraden ablaufen können. So äußern zwei Beamte ihr Bedürfnis, mal wieder »Kanaken und [N-Wort] [zu] schlagen«. Einmal wird das Einsatzziel im kollegialen Austausch beschrieben mit: »Du sollst in nrw zecken verprügeln.« Später schreibt ein Beamter über den Einsatz, er sei mit seiner »persönlichen Bilanz äußerst zufrieden«. »Einer der evtl gegen meinen Trupp gelaufen ist hat am Schluss über den Lautsprecherwagen jemand Gesucht der ihn mit heimnimmt... er konnte nicht mehr laufen. ...«. In der gleichen Unterhaltung heißt es dann noch: »Ich kann nicht mehr über meine Vorfälle schreiben, du weist Handyauswertung.«

Einmal schreibt K. einem Kollegen: »Ich zweifel an der Intelligenz jedes Polizeibeamten der kein rassist ist.« In einem anderen Chatverlauf, der gelöscht worden ist und bei dem nach der Wiederherstellung unklar bleibt, wer von den beiden Gesprächspartnern welchen Beitrag verantwortet, klagen entweder K. oder ein Kollege: »Um 02 aufgestanden um einen deutsche Flughafen vor einer eselfickenden Fachkraft zu beschützen.« Sie sind sich einig, dass angesichts der »Zustände im Land eine Enklave« gut wäre, vielleicht unter dem Namen »Nationalsozialistische Republik neu Deutschland«, ein »Land in dem wir gut und gerne leben«, »irgendwo im Dschungel. Da können wir dann auch das Haus von Mutti Merkel suchen und ihr mal was erzählen.« – »Oder ganz andere Sachen mit ihr machen.«

»Hochproblematische Dienstauffassung« und keine Anklage

Bei dem Beamten K. werde eine »aus hiesiger Sicht hoch problematische Dienstauffassung erkennbar«, stellte die Generalstaatsanwaltschaft Hamburg fest. Dieser Satz steht jedoch nicht in einer Anklageschrift, sondern in einem Einstellungsbescheid aus dem Oktober 2023, der die Ermittlungen gegen den Polizisten für beendet erklärt. So habe es bei der Durchsicht von K.s Datenbeständen zwar Hinweise gegeben, »dass dieser im Verlaufe der Hamburger Einsätze Gewalt angewendet und Gefallen hieran gefunden hat«. Doch hätten es die Funde nicht ermöglicht, dem Beschuldigten einen Schlag gegen das Bein von Lola D. »mit der für eine Anklageerhebung erforderlichen Sicherheit nachzuweisen«.

Polizeiintern sind die Lust an der Gewalt und K.s »hoch problematische Dienstauffassung« bekannt, doch Konsequenzen hatte das bislang keine. Seit April 2024 läuft beim baden-württembergischen Präsidium Einsatz ein Disziplinarverfahren gegen K. Die Prüfung der »sehr umfangreichen Strafakte« dauere aktuell noch an, teilte ein Polizeisprecher zunächst im September und erneut im Dezember 2024 mit. Im Übrigen, so das Polizeipräsidium Bruchsal, erteile man weder Auskünfte zu Details eines laufenden Disziplinarverfahrens noch zu dessen voraussichtlicher Dauer.

Die Verfahren und Anklagen zum G20-Einsatz der Polizei reißen indes nicht ab: Derweil muss das Oberlandesgericht Hamburg über die Zulassung einer Anklage gegen einen Polizeibeamten entscheiden, gegen den die Staatsanwaltschaft Hamburg im Dezember 2023 – sieben Jahre nach dem G20-Gipfel – Anklage erhoben hat, weil er einem Mann am 7. Juli 2017 am Bismarck-Denkmal in Hamburg während der Proteste massive Hämatome zufügte.

Verfahren: Landgericht Hamburg, Vergleich vom Juni 2021, Aktenzeichen 336 O 3/21; Verwaltungsgericht Hamburg, Stellungnahme vom 5.12.2023, Aktenzeichen 6 K 411/18; Generalstaatsanwaltschaft Hamburg, Einstellungsbescheid vom Oktober 2023, Aktenzeichen 4 Js-G 30/22.

Literatur: Attac, Brutaler Polizeieinsatz bei G20: Entschädigung für Attac-Aktive nach fast sieben Jahren durch gerichtlichen Vergleich, Pressemitteilung vom 16.4.2024; Minh Schredle, Der Schlächter von Hamburg, Kontext:Wochenzeitung vom 10.4.2024; G20-Gipfel: Drei Polizisten wegen Körperverletzung angeklagt, NDR vom 12.12.2023.

SPORT

Kein Platzverweis für rechtsextremen Verein

Der vergebliche Versuch, einen von Rechtsextremen dominierten Verein aus dem Fußballverband Sachsen-Anhalt auszuschließen

von Angela Furmaniak

»Fußball ist für alle da und deshalb unvereinbar mit Rassismus und Diskriminierung.« So stellte der Präsident des Deutschen Fußballbundes (DFB), Bernd Neuendorf, im März 2024 der Öffentlichkeit eine Kampagne vor, mit der ein »weiterer Beitrag zu einer toleranten und offenen Gesellschaft« erbracht werde. Ein Bestandteil davon solle die »Entwicklung und Umsetzung eines Maßnahmenpakets« sein, das »nachhaltig und wirksam zur Anti-Rassismus-Arbeit in Amateurvereinen beitragen soll«.

Entgegen den Beteuerungen von Fußballfunktionär*innen und vielen medienwirksam inszenierten Antirassismus-Aktionen scheitert der Fußball in der Realität allerdings häufig an den eigenen Ansprüchen. Ein Beispiel dafür ist der Fall des sachsen-anhaltinischen Kreisoberligisten DSG Eintracht Gladau e.V. Die Causa macht gleichzeitig deutlich, wie hilflos die Bemühungen in der Praxis oft ausfallen, Rechtsextremismus im Sport mit den Mitteln des (Verbands-)Rechts ins Abseits zu stellen.

Ein Spielerwechsel der problematischen Art

Gladau ist eine Ortschaft mit etwa 600 Einwohner*innen im Kreis Jerichower Land. Dort gibt es weder eine Gaststätte noch gar einen Jugendklub. Aber es gibt einen Fußballverein, die DSG Eintracht Gladau e.V. Zu diesem Verein wechselte im Jahr 2016 mit Dennis Wesemann ein Spieler, der von seinem bisherigen Verein FC Ostelbien Dornburg weitere Spieler mitbrachte. Solche Wechsel sind im Fußballgeschäft ein ganz normaler Vorgang. Die Besonderheit an der Personalie Wesemann war allerdings, dass es sich bei ihm um einen bekannten Neonazi handelt, der unter anderem Gründungsmitglied der rechtsextremen Magdeburger Hooliganvereinigung »Blue White Street Elite« (BWSE) war und online einschlägige Kleidung mit gewaltverherrlichenden Motiven vertrieb. Im Jahr 2011 hatte er gemeinsam mit »Kameraden« den FC Ostelbien Dornburg gegründet. Mindestens zehn Spieler waren den Behörden als Rechtsextremisten bekannt.

2015 schloss der Fußballverband Sachsen-Anhalt den Verein wegen diverser Vorfälle vom Spielbetrieb aus. Es soll zu Gewalttaten bei Fußballspielen gekommen sein und sich zunehmend andere Klubs sowie Schiedsrichter geweigert haben, gegen den FC Ostelbien Dornburg anzutreten. Einige der nunmehr vereinslosen Spieler versuchten deshalb, bei anderen Klubs unterzukommen.

Die Befürchtungen vieler Beobachter*innen, dass sich die DSG Eintracht Gladau zu einem Magnet für Rechtsextreme entwickeln könnte, sollten sich bald bewahrheiten. Spätestens ab 2017 kam es zu Berichten über Gewalttaten auf und abseits des Spielfeldes, an denen Gladauer Spieler beteiligt gewesen sein sollen. Unter den Zuschauer*innen bei Spielen mit Gladauer Beteiligung fanden sich zunehmend Personen, die der rechten

Szene zugeordnet werden konnten. Gegnerische Spieler sowie Schiedsrichter berichteten von Bedrohungen und Tätlichkeiten. In mindestens einem Fall kam es wegen Gewalttätigkeiten eines Gladauer Fans zu einem Spielabbruch, auch deshalb, weil wegen der Untätigkeit der Ordner die Sicherheit der gegnerischen Mannschaft nicht mehr gewährleistet werden konnte. Schiedsrichter sollen aus Angst vor Übergriffen davon abgesehen haben, Gladauer Spielern die Rote Karte zu zeigen.

Auch vereinsintern hat der Kreis um Dennis Wesemann zunehmend an Macht gewonnen. Im Rahmen einer außerordentlichen Mitgliederversammlung im Jahr 2023 wurde der bisherige Vereinsvorstand abgesetzt und ein Cousin von Wesemann zum neuen Vereinsvorstand gewählt. Wesemann selbst hat eine leitende Funktion in der Fußballabteilung inne. Enge Getreue von ihm sind Mitglieder des Vereins.

Der Verband zieht Konsequenzen

Anfang November 2023 zog der Fußballverband Sachsen-Anhalt die Konsequenzen aus den Vorfällen und schloss die DSG Eintracht Gladau mit sofortiger Wirkung aus dem Verband und damit auch vom Spielbetrieb aus. Eine Teilnahme an Liga- und Pokalspielen war damit nicht mehr möglich. Der Fußballverband begründete die Entscheidung mit groben Verstößen gegen die Grundwerte der Verbandssatzung. Diese macht zur Grundlage der Verbandsarbeit »das Bekenntnis seiner Mitglieder, Organe und Institutionen zur freiheitlich-demokratischen Grundordnung«. Sie bestimmt, dass »der Fußballverband Sachsen-Anhalt e.V. Fremdenfeindlichkeit, Diskriminierung und politischem Extremismus sowie damit verbundener Gewalt und Gewaltverherrlichung entschieden entgegenwirkt«.

Zur Begründung des Verbandausschlusses legte der Fußballverband Sachsen-Anhalt eine 30-seitige Sammlung unter anderem von Social-Media-Beiträgen sowie Schreiben anderer Vereine vor.

Die DSG Eintracht Gladau rief daraufhin das zuständige Verbandsgericht an und beantragte den Erlass einer einstweiligen Verfügung. Tatsächlich gab das Gericht dem Antrag statt und ließ den Verein unter Auflagen vorläufig wieder zum Spielbetrieb zu.

In dubio pro Naziverein

Im März 2024 fand dann im Hauptsacheverfahren eine mündliche Verhandlung vor dem Verbandsgericht statt, in welcher sich das Gericht mit den vom sachsen-anhaltinischen Fußballverband vorgebrachten Argumenten für den Verbandsausschluss auseinandersetzte. Es stellte fest, dass ein Ausschluss eines Vereins aus dem Verband nur als Ultima Ratio zulässig ist, da ohne eine Mitgliedschaft im Fußballverband in Sachsen-Anhalt kein organisierter Spielbetrieb stattfinden kann. Die vom Verbandsvorstand vorgelegten Unterlagen hielt das Gericht für nicht geeignet, um einen Verstoß gegen die Satzung hinreichend zu belegen. Zwar würden einige Spieler vom Verfassungsschutz beobachtet. Das träfe jedoch auch auf die AfD zu, die dennoch nicht verboten sei. Zudem handele es sich nur um eine Minderheit der insgesamt 120 Vereinsmitglieder. Dass dies dazu führe, dass ein Verstoß gegen die Verbandssatzung vorliege, bedürfe »weiterer hinzutretender Tatsachen«. Daran fehle es allerdings. Die vorgelegten Screenshots aus sozialen Medien ließen sich weder zeitlich noch örtlich einordnen. Dass die DSG Eintracht Gladau im Vereinskontext mit rechtsextremen Aktivitäten aufgetreten sei, habe nicht bewiesen werden können.

Damit durfte der Verein wieder ohne Auflagen am Spielbetrieb teilnehmen. Auf Facebook feierte er die gerichtliche Entscheidung als Erfolg und stellte sich als Opfer der Medien dar, die mit »Lügen gearbeitet und ein makabres Framing betrieben« hätten.

Die Beweisführung scheiterte auch daran, dass sich keine Zeug*innen fanden, die belastbare Angaben zu konkreten Vorfällen im Rahmen von Spielen und anlässlich von Vereinsaktivitäten machten. Auch gegenüber Medien, die zum Fall recherchierten, wollten sich viele entweder gar nicht oder nur anonym äußern. Möglicherweise war die Sorge vor etwaigen Racheaktionen zu groß. Nicht ausgeschlossen werden kann auch, dass im Kreis Jerichower Land die Normalisierung rechter Positionen mittlerweile so weit fortgeschritten ist, dass es kaum jemand als problematisch erachtet, wenn ein Sportverein von Nazis dominiert wird.

Im Ergebnis hat das Verbandsgericht somit nach dem Grundsatz »in dubio pro Naziverein« entschieden. Die Lektüre der nur knappen Urteilsgründe wirft allerdings die Frage auf, ob die Entscheidung wirklich alternativlos war, weil »der Verband nicht vernünftig ausermittelt« hat (so der Vorsitzende Richter gegenüber der taz). Immerhin kennt die Rechts- und Verfahrensordnung des Fußballverbands Sachsen-Anhalt den Grundsatz der Amtsermittlung. Dem Gericht hätte deshalb die Möglichkeit offen gestanden, ergänzende Recherchen anzustellen. Auch ist nicht erkennbar, dass sich das Gericht ernsthaft darum bemüht hat, geladene Zeug*innen, die nicht zur Verhandlung erschienen sind, mit einem Ordnungsgeld zu belegen und so in einer neu angesetzten Verhandlung doch noch zu einer Aussage zu bewegen.

Und trotzdem: Das Verbot war mehr als nur ein Symbol

Muss deshalb der Versuch des Fußballverbands Sachsen-Anhalt, einen Verein, in dem sich Rechtsextreme breitgemacht haben, mit den Mitteln des Sportrechts aus dem Verkehr zu ziehen, als gescheitert angesehen werden? Das ist mitnichten der Fall. Für sehr viele Menschen hat Sport und insbesondere Fußball eine große Bedeutung. Er bringt Angehörige unterschiedlicher Gesellschaftsschichten und jeglicher Herkunft zusammen und bietet Platz für vielfältiges Engagement. Im besten Fall können über den Sport demokratische Prozesse gestärkt und gesellschaftliche Teilhabe gefördert werden. Allerdings ist festzustellen, dass die Vereine viel zu häufig für diese zivilgesellschaftliche Scharnierfunktion schlecht aufgestellt sind. Damit unterscheidet sich der Sport allerdings nicht von anderen gesellschaftlichen Bereichen. Gefördert durch ein gesellschaftspolitisches Klima, in dem rechte Narrative salonfähig sind, werden rassistische und sexistische Äußerungen geduldet, menschenverachtendem Verhalten wird nicht entschieden entgegengetreten und Vereinsmitglieder mit rechtsextremer Gesinnung werden nicht in die Schranken gewiesen. Dies führt dazu, dass es – wie im Fall der DSG Eintracht Gladau – bekennenden Rechtsextremen gelingen kann, Fußballvereine zu dominieren und zu übernehmen.

Dass der sachsen-anhaltinische Fußballverband einen Ausschluss zumindest versucht und damit klar Position bezogen hat, dass rechtsextreme, rassistische und menschenverachtende Umtriebe im Sport nicht geduldet werden dürfen, ist mehr als nur eine symbolische Aktion, sondern vielmehr ein deutliches Signal an die im Verband organisierten Vereine.

Verfahren: Einstweilige Verfügung des Verbandsgerichts des Fußballverbandes Sachsen-Anhalt e.V. vom 18.11.2023, VG 17–23 EA (nicht veröffentlicht); Urteil des Verbandsgerichts des Fußballverbandes Sachsen – Anhalt e.V. vom 12.03.2024, VG 16–23 A HS (nicht veröffentlicht).

Literatur: Esther Stephan und Albrecht Radon, Angst bei Spielern und Schiris – Rechtsextreme im Fußball, MDR Investigativ, Podcast vom 26.01.2024; Jennifer Stange, Fußballclub DSG Gladau, Ausschluss wegen rechtsextremer Unterwanderung, Deutschlandfunk vom 9.12.2023, abrufbar unter https://www.deutschlandfunk.de/eintracht-gladau-100.html; Niklas Schulteis, Hat der europäische Fußball ein Rassismus-Problem? Kurzdossier der Bundeszentrale für politische Bildung vom 14.6.2024; Johannes Kopp, Im Zweifel für den Naziklub, taz online vom 15.3.2024.

Mehr als zwei Geschlechter

DFB-Sportgericht sanktioniert diskriminierendes Fanbanner

von Samuel Weitz

Für die verbalen Scharmützel rivalisierender Fußballvereine interessieren sich in der Regel nur Insider:innen. Anders im Fall Leverkusen: »*Es gibt viele Musikrichtungen. Aber nur zwei Geschlechter!*« So lautete ein Banner, das Fans des Vereins Bayer 04 Leverkusen während eines Bundesligaspiels gegen den SV Werder Bremen am 25. November 2023 öffentlichkeitswirksam präsentierten. Damit richteten sich die Leverkusener Fans nicht nur gegen die rivalisierende Bremer Fanszene. Sie richteten sich mit ihrem Banner außerdem gegen alle nicht binären Menschen und sprachen ihnen ihre geschlechtliche Identität ab. Richtigerweise sanktionierte das Sportgericht des Deutschen Fußball-Bundes (DFB) den Verein Bayer 04 Leverkusen mit Urteil vom 29. Januar 2024 wegen eines »diskriminierenden unsportlichen Verhaltens« seiner Fans. Diese Reaktion des DFB und seiner Rechtsorgane ist ein Lehrstück für konsequent werteorientierte Sportverbandsarbeit.

Medial artikulierten Bedenken, das Urteil des DFB-Sportgerichts könne der »AfD neues Wahlkampfmaterial« (*Die Welt*) liefern und im ohnehin aufgeladenen Gesamtdiskurs nicht »klug« (*taz*) sein, ist eine Absage zu erteilen: Wenn ein rechtlich überzeugendes Urteil Widerspruch von denjenigen Menschen erfährt, die dem Irrglauben unterliegen, in Diskriminierungsfragen würden ihnen illegitime moralische Vorgaben oktroyiert, darf dieser Widerspruch konsequenter Rechtsprechung nicht im Wege stehen. Wer überdies abschließend zwischen einer »politischen [und einer] biologischen Geschlechterdefinition« (*Die Welt*) unterscheidet, legt offen, dass er sich nicht hinreichend mit medizinischer, psychologischer oder soziologischer Geschlechterforschung befasst hat. Nicht zuletzt hat das Bundesverfassungsgericht bereits im Jahr 2017 anerkannt, dass es – neben der männlichen und weiblichen – weitere geschlechtliche Identitäten gibt.

Vom Scharmützel zum Eklat

Dass die Leverkusener Fans das Banner ausgerechnet während eines Bundesligaspiels gegen den SV Werder Bremen zeigten, war kein Zufall. Vielmehr teilen die Fanszenen beider Vereine eine konfliktreiche Vorgeschichte, die im Ausgangspunkt spätpubertär anmutet, nun aber eine rote Linie überschritt. Im Mikrokosmos der deutschen Fankultur haben die Bremer Fans das Image einer politisierten Szene. Sie machen auf sexualisierte Gewalt im Stadion aufmerksam und stehen für Frauenrechte ein. Demgegenüber werden die Leverkusener Fans in der Szene nicht mit politischen Themen assoziiert, sondern vor allem mit ihrem Faible für Schlagermusik. Dafür werden sie in der Szene als Primitive mit dörflichem Musikgeschmack abgewertet. Folglich waren Spott und Häme nicht weit, als sich Leverkusener Fans im Februar 2023 die Selbstbezeichnung »Raverkusen« gaben und mit Expertise in Sachen Technomusik kokettierten. Auf diese Häme nahmen die Leverkusener Fans im November 2023 während des Bundesligaspiels gegen den SV Werder Bremen Bezug: *»Es gibt viele Musikrichtungen. Aber nur zwei Geschlechter!«*

Wegen des Verhaltens der Leverkusener Fans beantragte der DFB-Kontrollausschuss beim DFB-Sportgericht, den Verein Bayer 04 Leverkusen wegen eines diskriminierenden Verhaltens seiner Anhänger mit einer Geldstrafe in Höhe von 18000 EUR zu belegen. Die Rolle des DFB-Kontrollausschusses in der Strafordnung des Sportverbandsrechts entspricht weitgehend der Rolle der Staatsanwaltschaft im staatlichen Strafprozess: Dem DFB-Kontrollausschuss obliegt die Leitung des Ermittlungsverfahrens und er vertritt die Anklage. Das DFB-Sportgericht ist das Amtsgericht des professionellen Fußballsports; hier werden erstinstanzlich Strafen verhängt. Im Fall Leverkusen folgte das DFB-Sportgericht dem Strafantrag des DFB-Kontrollausschusses. Der Vorsitzende des DFB-Sportgerichts verhängte im Einzelrichterverfahren die beantragte Geldstrafe. Ferner erlaubte er dem Verein Bayer 04 Leverkusen, ein Drittel der Geldstrafe für eigene »präventive Maßnahmen gegen Diskriminierung zu verwenden«.

Sportverbände dürfen strafen

Die in Artikel 9 des Grundgesetzes garantierte Vereinigungsfreiheit gewährt Sportverbänden die Autonomie, sich eine eigene Satzung zu geben. Die Regelungen einer solchen Satzung gelten nur für Personen, die sich freiwillig an den Verband binden – zum Beispiel, indem sie Verbandsmitglied werden. In ihren Satzungen legen Sportverbände spezielle Wohlverhaltensregeln der Gemeinschaft fest. Nicht zuletzt sehen Sportverbände in Satzungen und Ordnungen Strafnormen vor. Zum Beispiel stehen Wettbewerbsmanipulationen und Doping unter Strafe. In einer Generalklausel wird häufig festgeschrieben, dass »unsportliches Verhalten« strafbewehrt ist. Sofern sich ein Verein oder ein:e Spieler:in verbandsrechtswidrig verhält, dürfen die Rechtsorgane der Sportverbände aufgrund ihrer Strafnormen Sanktionen verhängen. Hierbei handelt es sich um Sportverbandsstrafen. Diese sind zwar keine staatlichen Kriminalstrafen, dennoch echte Strafen im rechtstechnischen, rechtsethischen und rechtssoziologischen Sinn. Dass Sportverbände im Einzelfall auch solche Verhaltensweisen sanktionieren, die im staatlichen Recht straffrei bleiben, ist demokratisch legitimiert: An dem autonomen Akt der Verbandsrechtsetzung nehmen – zumindest mittelbar – alle Regelunterworfenen teil.

Der DFB bekennt sich in seiner Satzung zu Vielfalt und verpflichtet sich zum Einstehen für eine diskriminierungsfreie Gesellschaft – zum Beispiel im Hinblick auf geschlechtliche Identität. Diese abstrakten Werte werden in Strafnormen wie den Paragraphen 9 der Rechts- und Verfahrensordnung des DFB gegossen. Darin heißt es: »Wer die Menschenwürde einer Person oder einer Gruppe von Personen durch herabwürdigende, diskriminierende oder verunglimpfende Äußerungen oder Handlungen in Bezug auf [...] geschlechtliche [...] Identität verletzt [...]«, wird bestraft.

Warum das Urteil richtig ist

Indem die Leverkusener Fans das Banner zeigten, negierten sie die Existenz nicht binärer Menschen. Nicht binäre Menschen haben eine Geschlechtsidentität, die nicht ausschließlich weiblich oder männlich ist. Hierzu können zum Beispiel inter*und trans*Menschen zählen. Wer die Existenz nicht binärer Menschen negiert, würdigt eine Gruppe von Personen in niederträchtiger, ihre Menschenwürde verletzender Art und Weise herab. Dass das Banner an die Bremer Fans adressiert wurde, die ihrerseits mit Bannern auf Sexismus hinweisen, deutet darauf hin, dass die Leverkusener Fans den diskriminierenden Charakter ihres Banners nicht bloß billigend in Kauf genommen haben. Sie haben sogar absichtsvoll nicht binäre Menschen diskriminiert. Die Sanktionierung des Vereins Bayer 04 Leverkusen war vor diesem Hintergrund zwingend. Es ist sehr erfreulich, dass das Banner nicht bloß als unsportliches Verhalten bestraft wurde, sondern als Diskriminierung.

Warum das Urteil wichtig ist

Queerfeindliche Diskriminierungen gehören im Fußball zur Alltagskommunikation. Wer schon einmal Fußball gespielt hat, weiß, was als »schwuler Pass« bezeichnet wird. Der Sozialraum des Fußballsports ist wesentlich von heteronormativer Männlichkeit geprägt. Es nimmt daher nicht wunder, dass queere Menschen im Fußball Ausgrenzung und Stigmatisierung erfahren. Nicht selten sagen sie sich deshalb vom Fußball los. Wer sich vor diesem Hintergrund über das Banner der Leverkusener Fans als »spielerischen Kommentar zum Kulturkampf unserer Zeit« (*Die Welt*) amüsiert, verkennt die Lebensrealität von queeren Menschen und bagatellisiert ihre Diskriminierung. Das Banner spricht nicht binären Menschen unter dem Deckmantel eines biologisch-absoluten Zweigeschlechtersystems die Existenzberechtigung ab. Das Banner ist nicht weniger als menschenverachtend.

Das DFB-Sportgericht ist kein staatliches Gericht, sondern

lediglich das Rechtsorgan eines Verbands. Dennoch ist die Entscheidung des DFB-Sportgerichts im Fall Leverkusen bedeutsam. Die Werteordnung einer Gesellschaft wird nicht nur vom Staat bestimmt, sondern maßgeblich durch zivilgesellschaftliche Organisationen mit sozialer Macht geprägt. Der DFB hat rund 7,7 Millionen mittelbare Mitglieder. Folglich strahlt sein Antidiskriminierungsrecht erheblich in die Gesellschaft hinein. Richtigerweise hat das DFB-Sportgericht im Fall Leverkusen ein erfreuliches wie erforderliches Signal *für* geschlechtliche Vielfalt gesendet – im Fußball und anderswo.

Verfahren: DFB-Sportgericht, Urteil vom 29. Januar 2024, Aktenzeichen 202/2023/2024 (rechtskräftig).

Literatur: Philipp Selldorf, Ein Urteil, das Druck auf die eigene Justiz ausübt, Süddeutsche Zeitung vom 1. Februar 2024; Andreas Rosenfelder, Diese Strafe für eine harmlose Parole ist absurd, Die Welt vom 2. Februar 2024; Malte Göbel, Zwei oder viele Geschlechter? Die Kulturkämpfer von rechts danken für die Vorlage, Der Spiegel vom 2. Februar 2024; René Hamann, Sport und Musik, taz vom 31. Januar 2024; Samuel Weitz, Strafbarkeit von diskriminierenden Äußerungen nach der DFB-Werteordnung, in: Zeitschrift für Sport und Recht (SpuRt) 2/2024, S. 151–153.

Verzeichnis der Autor*innen

Dr. Nele Austermann, geb. 1988, ist PostDoc an der Universität Kassel und Mitglied der Innendeputation der Bremischen Bürgerschaft.

Sophie Borkel, geb. 1991, ist Juristin und und Projektmanagerin im Bereich der internationalen rechtlichen Zusammenarbeit. Zuvor war sie Referentin für Rechtsextremismusprävention mit Fokus auf dem juristischen Umgang mit Rechtsextremismus.

Clara Bünger, geb. 1986, ist Juristin, Autorin und Bundestagsabgeordnete. Sie arbeitet zu Asylrecht, sozialer Gerechtigkeit und der autoritären Wende in Europa. Als Juristin setzt sie sich besonders für Geflüchtete und Menschen in prekären Lebenslagen ein.

Jonas Deyda, geboren 1992, ist Jurist sowie Stipendiat der Hans Böckler Stiftung und promoviert an der Universität Leipzig über staatliche Neutralität.

Angela Furmaniak, geb. 1969, ist Rechtsanwältin und Fachanwältin für Strafrecht in Lörrach. Sie ist Vorstandsmitglied der Strafverteidigerinnen und Strafverteidiger Baden-Württemberg e.V. sowie Mitglied im Vorstand des Republikanischen Anwältinnen-

und Anwältevereins (RAV e.V.). Sie ist Gründungsmitglied der »Arbeitsgemeinschaft Fananwälte«, einem Zusammenschluss von Rechtsanwältin*innen, die regelmäßig Fußballfans vertreten.

Dr. Andreas Gutmann, geb. 1991, ist Jurist und wissenschaftlicher Mitarbeiter am Fachgebiet Just Transitions am Kassel Institute for Sustainability und Fachbereich Humanwissenschaften der Universität Kassel. Arbeitsschwerpunkte sind Rechte der Natur, Extraktivismus, (lateinamerikanisches) Verfassungsrecht, Versammlungsrecht und Rechtstheorie.

Ali Ighreiz, geb. 1996, ist Volljurist und Verfahrenskoordinator bei der Gesellschaft für Freiheitsrechte e.V. Er arbeitet zu strategischer Prozessführung im Bereich Freiheitsgrundrechte und Demokratieresilienz.

Özge İnan, geb. 1997, ist Juristin und freie Journalistin. 2023 erschien ihr Debütroman bei Piper, danach ein Essay in der Anthologie »Selbst Schuld!« bei Hanser. Sie schreibt über rechtspolitische Themen u.a. für SZ und Zeit Online.

Leonard Ihßen, geb. 1996, arbeitet als Journalist und für die Gesetzeskampagne »Freiheitsfonds«, die Menschen aus dem Gefängnis freikauft, die wegen Fahren ohne Ticket einsitzen. Für den Report »Recht gegen rechts« ist er unter anderem als Social-Media-Redakteur tätig. Er lebt in Berlin.

Dr. Max Kolter, geb. 1990, ist Redakteur von Legal Tribune Online und war zuvor Rechtsreferendar und wissenschaftlicher Mitarbeiter an der juristischen Fakultät der Humboldt-Universität zu Berlin.

Dr. Ulrich Karpenstein ist Journalistin mit Schwerpunkt Rechtsterrorismus und Geschäftsführerin des Verbands der Beratungsstellen für Betroffene rechter, rassistischer und antisemitischer Gewalt (VBRG e.V.). Zuletzt erschien »Staatsgewalt: Wie rechtsradikale Netzwerke die Sicherheitsbehörden unterwandern« im Herder Verlag.

Heike Kleffner ist Journalistin mit Schwerpunkt Rechtsterrorismus und Geschäftsführerin des Verbands der Beratungsstellen für Betroffene rechter, rassistischer und antisemitischer Gewalt (VBRG e.V.). Zuletzt erschien »Staatsgewalt: Wie rechtsradikale Netzwerke die Sicherheitsbehörden unterwandern« im Herder Verlag.

Dr. Kati Lang, geb. 1979, vertritt als Rechtsanwältin Betroffene von rechten, rassistischen und antisemitischen Gewalttaten, und war Nebenklagevertreterin im Prozess wegen des Synagogen-Attentats von Halle. Sie hat zum Umgang der Justiz mit vorurteilsmotivierter Gewalt promoviert.

Dr. Lennart Laude, geb. 1992, ist wissenschaftlicher Mitarbeiter beim Verfassungsblog und Rechtsanwalt der Anwaltskanzlei Noerr.

Sabine Leutheusser-Schnarrenberger, geb. 1951, amtierte zweimal als Bundesjustizministerin und war bis 2024 erste Antisemitismusbeauftragte des Landes Nordrhein-Westfalen.

Dr. Doris Liebscher, geb. 1974, ist Juristin. Sie leitet die Ombudsstelle für das Berliner Landesantidiskriminierungsgesetz und forscht und lehrt u.a. zu Recht gegen Rassismus und Antisemitismus.

Benjamin Lück ist Rechtsanwalt und Verfahrenskoordinator bei der Gesellschaft für Freiheitsrechte e.V. (GFF). Er arbeitet dort insbesondere zu Pressefreiheit und digitaler Gewalt.

Prof. Dr. Andreas Nitschke ist Dozent an der Fachhochschule für Verwaltung und Dienstleistung für Öffentliches Recht und Zivilrecht. Er forscht aktuell schwerpunktmäßig zu dienstrechtlichen Themen.

Prof. Dr. Dr. Maximilian Pichl, geb. 1987, Professor für Soziales Recht als Gegenstand Sozialer Arbeit an der Hochschule RheinMain in Wiesbaden. Er ist Vorsitzender der Vereinigung demokratischer Jurist:innen (VDJ).

Dr. Jasper Prigge, geb. 1988, ist Fachanwalt für Urheber- und Medienrecht in Düsseldorf und vertritt u.a. Gewerkschaften, Journalist*innen und Aktivist*innen in äußerungsrechtlichen Auseinandersetzungen. Er ist im Ausschuss Medienrecht der Bundesrechtsanwaltskammer und im Vorstand der Rechtsanwaltskammer Düsseldorf tätig.

Janos Richter, geb. 1999, ist wissenschaftlicher Mitarbeiter beim Verfassungsblog. Er studiert Jura in Leipzig.

Alexander Schneider, geb. 1967, hat Politikwissenschaften studiert und arbeitet seit mehr als zwei Jahrzehnten als Gerichts- und Polizeireporter für die Sächsische Zeitung in Dresden.

Minh Schredle, geb. 1994, ist seit 2016 Redakteur bei der Kontext:Wochenzeitung und unterrichtet Journalismus an der Stuttgarter Akademie für Kommunikation.

Arne Semsrott, geb. 1988, leitet die Rechercheplattform FragDenStaat. Zuletzt erschien sein Buch »Machtübernahme. Was passiert, wenn Rechtsextremisten regieren« im Droemer-Verlag.

Martín Steinhagen ist freier Journalist in Frankfurt am Main mit dem Schwerpunkt radikale und militante Rechte. Zuletzt ist von ihm »Rechter Terror: Der Mord an Walter Lübcke und die Strategie der Gewalt« im Jahr 2021 bei Rowohlt erschienen.

Dr. Ronen Steinke, geb. 1983, ist leitender Redakteur der Süddeutschen Zeitung und Lehrbeauftragter am Institut für Kriminalwissenschaften und Rechtsphilosophie der Goethe-Universität Frankfurt am Main. Zuletzt erschien im Campus-Verlag sein Buch »Jura not alone. 12 Ermutigungen, die Welt mit den Mitteln des Rechts zu verändern« (mit Nora Markard).

Kirstin Stiller, geb. 1997, ist Rechtsreferendarin in Berlin, zuvor studierte sie an der Ruprecht-Karls-Universität in Heidelberg und absolvierte ein Masterprogramm in Lyon und an der Sorbonne in Paris.

Juliana Talg, geb. 1997, ist wissenschaftliche Mitarbeiterin beim Verfassungsblog und Rechtsreferendarin. Sie hat Jura in München und Paris studiert.

Dr. John Philipp Thurn, geb. 1982, Sozialrichter in Berlin, aktiv bei der Gesellschaft für Freiheitsrechte (GFF) und beim Forum Justizgeschichte. Veröffentlichungen v. a. zu verfassungsrechtlichen und rechtspolitischen Themen.

Dr. Oliver Tolmein, geb. 1961, ist Rechtsanwalt in Hamburg und lehrt als Honorarprofessor an der Georg August Universität Göttingen Jura. Vor seiner juristischen Karriere arbeitete er als Redakteur unter anderem der *taz* und der *konkret*.

Joachim F. Tornau, geb. 1971, ist freier Journalist in Kassel und Hamburg. Er arbeitet u. a. für die Frankfurter Rundschau, die taz und den Hessischen Rundfunk. Zu seinen Schwerpunkten gehört die Berichterstattung über Prozesse gegen Rechtsextreme. In den Untersuchungsausschüssen des hessischen Landtags zur Mordserie des NSU und zum Mord an Walter Lübcke ist er als Sachverständiger aufgetreten.

Tore Vetter, geb. 1992, ist Verwaltungsjurist in Hamburg. Vorher arbeitete er an den Universitäten Bremen und Kassel als wissenschaftlicher Mitarbeiter. Nebenbei promoviert er im Bereich des Versammlungsrechts.

Marco Wanderwitz, geb. 1975, war von 2002 bis 2025 Bundestagsabgeordneter der CDU und von 2018 bis 2021 auch Parlamentarischer Staatssekretär. 2024 initiierte er gemeinsam mit Abgeordneten anderer Fraktionen einen Gruppenantrag mit dem Ziel, ein Verbotsverfahren gegen die AfD vor dem Bundesverfassungsgericht anzustrengen.

Samuel Weitz, geb. 1995, ist Doktorand an der Universität zu Köln und Rechtsreferendar am Landgericht Köln. Seine Forschungsschwerpunkte sind das Verfassungsrecht und das Sportverbandsrecht.

Fynn Wenglarczyk, geb. 1993, ist wissenschaftlicher Mitarbeiter und Doktorand am Institut für Kriminalwissenschaften und Rechtsphilosophie der Goethe-Universität Frankfurt und forscht zur Bedeutung und Funktion des Strafrechts in Krisen. Er arbeitet ehrenamtlich als Mentor im Hessischen Mentoring-Programm zur Resozialisierung jugendlicher Strafentlassener (ArJus).

Nele Austermann / Andreas Fischer-Lescano / Heike Kleffner / Kati Lang / Maximilian Pichl / Ronen Steinke / Tore Vetter (Hg.)

Recht gegen rechts – Report 2024

Bereits zum vierten Mal deckt der Report »Recht gegen rechts« rechtsextreme Tendenzen in der Rechtssprechung auf. Wo nutzt die Justiz ihre Instrumente zur Verteidigung von Demokratie und Vielfalt nicht ausreichend? Was tut sie zum Schutz derer, die sich für unsere Zivilgesellschaft engagieren? Mehr als 30 prominente Autor*innen beschreiben die wichtigsten Fälle aus dem vergangenen Jahr. Eine offensive Analyse des Versagens der Justiz und eine kritische Chronik erfolgreicher rechtlicher Gegenstrategien. Mit Beiträgen von Maximilian Steinbeis, Doris Liebscher, Onur Özata, Clara Anne Bünger, Mehmet Gürcan Daimagüler u.v.m.

304 Seiten, broschiert
978-3-10-397556-7

Weitere Informationen finden Sie auf
www.fischerverlage.de

Nele Austermann / Andreas Fischer-Lescano /
Heike Kleffner / Kati Lang / Maximilian Pichl /
Ronen Steinke / Tore Vetter (Hg.)

Recht gegen rechts

Report 2023

Wie schützen der Rechtsstaat und seine Institutionen die Betroffenen von Verfolgung, Flucht, Rassismus, Antisemitismus und Misogynie? Die Ereignisse der letzten Jahre haben gezeigt, dass Gefahren für den demokratischen Rechtsstaat nicht nur von außen drohen, sondern auch von innen. Der Report 2023 verfolgt anhand der wichtigsten Fälle aus dem vergangenen Jahr, wo rechte Akteur*innen das Recht nutzen und die Justiz ihnen zur Seite springt, beleuchtet aber auch erfolgreiche rechtliche Gegenstrategien. Es geht etwa um den Rauswurf des AfD-Richters Jens Maier, die Proteste von Corona-Leugner*innen und den »NSU 2.0«-Skandal.

352 Seiten, broschiert

Weitere Informationen finden Sie auf
www.fischerverlage.de